| 大学五书 |

抗战烽火中的中国大学

陈平原 著

北京大学出版社
PEKING UNIVERSITY PRESS

图书在版编目(CIP)数据

抗战烽火中的中国大学 / 陈平原著. — 北京：北京大学出版社，2015.7
（大学五书）
ISBN 978-7-301-26025-8

Ⅰ.①抗… Ⅱ.①陈… Ⅲ.①高等学校-教育史-研究-中国-现代 Ⅳ.①G649.29

中国版本图书馆CIP数据核字(2015)第138995号

书　　名	抗战烽火中的中国大学
著作责任者	陈平原 著
责任编辑	于铁红
标准书号	ISBN 978-7-301-26025-8
出版发行	北京大学出版社
地　　址	北京市海淀区成府路205号　100871
网　　址	http://www.pup.cn　　新浪微博：@北京大学出版社
电子信箱	zpup@pup.cn
电　　话	邮购部62752015　发行部62750672　编辑部62750112
印 刷 者	北京市松源印刷有限公司
经 销 者	新华书店
	889毫米×1194毫米　32开本　9.25印张　200千字
	2015年7月第1版　2016年5月第3次印刷
定　　价	45.00元

未经许可，不得以任何方式复制或抄袭本书之部分或全部内容。
版权所有，侵权必究
举报电话：010-62752024　电子信箱：fd@pup.pku.edu.cn
图书如有印装质量问题，请与出版部联系，电话：010-62756370

目 录

"大学五书"小引 / 001

绪言：炸弹下长大的中国大学 / 003

此情可待成追忆 / 019
——中国大学内迁的历史、传说与精神

  一、炸不垮的中国大学 / 019
  二、1941 年的统训 / 027
  三、不该被埋没的文本 / 035
  四、笔落如何"惊风雨" / 049
  五、"奇迹"该怎样讲述 / 067

永远的"弦吹弦诵" / 111
——关于西南联大的历史、追忆及阐释

  一、战火摧不垮中国大学 / 112
  二、"光荣"不仅属于西南联大 / 122
  三、必胜信念、学术关怀以及师生情谊 / 129
  四、以本科教学为中心 / 145
  五、"人和"的另一面 / 154
  六、"应叫青史有专篇" / 165

岂止诗句记飘蓬 / 183
——抗战中西南联大教授的旧体诗作

    一、漂泊西南多唱酬 / 188
    二、百一篇成聊自遣 / 198
    三、诗史更愧无君才 / 210
    四、还将孤愤托长吟 / 218

六位师长和一所大学 / 237
——我所知道的西南联大

    一、从"宏大叙事"到"私人记忆" / 237
    二、师生之情与同窗之谊 / 241
    三、"新文学"教学之披荆斩棘 / 246
    四、湘黔滇旅行团的故事 / 253
    五、政治与学术的纠葛 / 258
    六、物质与精神之张力 / 263

参考书目 / 275
后记 / 287

"大学五书"小引

陈平原

不提撰写博士论文时如何邂逅晚清及五四的大学教育,就从1996年春夏编《北大旧事》说起,二十年间,我在自家专业之外,持续关注中国教育问题,竟然成了半个"大学研究"专家。

我之谈论大学问题,纵横文学与教育,兼及历史与现实,包容论著与时评,如此思路与笔墨,说好听是"别有幽怀",说不好听则是"不够专业"。好在我不靠这些文章评职称,故不太在乎学院派的态度。

作为业余教育史家的我,多年前曾说过:"从事学术史、思想史、文学史的朋友,都是潜在的教育史研究专家。因为,百年中国,取消科举取士以及兴办新式学堂,乃值得大书特书的'关键时刻'。而大学制度的建立,包括其蕴涵的学术思想和文化精神，对于传统中国的改造，更是带根本性的——相对于具体的思想学说的转移而言。"这也是我不避讥讽，时常"野叟献曝"，且长枪短棒一起上的缘故。

正因不是学术专著，没有统一规划，先后刊行的各书，呈犬牙交错状态。乘《抗战烽火中的中国大学》出版之际，将我此前在北大出版社刊行的四册有关大学的书籍重新编排，作为"大学五书"推出。其中《老北大的故事》大致稳定，《读书的"风景"》只删不增，调整幅度较大的是《大学何为》和《大学有精神》。

很多年前，我在《北大精神及其它》（上海文艺出版社，2000年）的"后记"中称："这是一个能够调动研究者的激情与想象力、具备许多学术生长点的好题目，即便山路崎岖，前景也不太明朗，也都值得尝试。"今天依然故我，只要机缘成熟，还会深度介入教育话题。

因此，"大学五书"只是阶段性成果，但愿日后还有更精彩的表现。

2015年5月18日于京西圆明园花园

绪言：炸弹下长大的中国大学

"连天烽火"与"遍地弦歌"，这本是两种截然对立的情景，而在艰苦卓绝的抗日战争中，二者竟巧妙地相互配合，交织成撼人心魄的乐章。我曾不止一次推荐加拿大学者曼古埃尔所撰《阅读史》中的一幅照片[1]：1940年10月22日伦敦遭德军轰炸，很多房子倒塌了，这间西伦敦荷兰屋图书馆，墙壁也已倾颓，地下满是砖石，竟然有人不顾敌机刚刚离去，又在书架前翻检自己喜爱的图书。我说：这固然是对抗厄运，坚信未来，但也不妨解读为："阅

---

[1] 阿尔维托·曼古埃尔著、吴昌杰译：《阅读史》，第370—371页，北京：商务印书馆，2002年。

读"已经成为必要的日常生活,成为生命存在的标志[1]。后来,我终于找到一幅可与之媲美的老照片,那是西南联大教授朱自清、罗庸、罗常培、闻一多、王力的合影(图1)——我故意略去拍照的具体时间及地点,以便将其作为抗战中意气风发的中国读书人的象征。在一次专题演讲中,我提及这幅照片:"联大有什么值得骄傲的?联大有精神:政治情怀、社会承担、学术抱负、远大志向。联大人贫困,可人不猥琐,甚至可以说'器宇轩昂',他们的自信、刚毅与聪慧,全都写在脸上——这是我阅读西南联大老照片的直接感受。"[2]今天的中国大学,从校园建筑到科研成果,都正朝"世界一流"飞奔,但再也找不出如此明亮、干净与自信的合影——那是一种由内而外、充溢于天地间的精神力量。

战火纷飞中,中国大学顽强地生存、抗争、发展,其中蕴涵着某种让后人肃然起敬的神秘的力量。历朝历代,凡狼烟四起时,最容易遭受毁灭性打击的便是手无寸铁的师生及学校;只有当战乱平息,统治者才有心思在满目疮

---

[1] 参见陈平原《作为一种生活方式的"读书"》,《文汇报》2005年12月25日;《读书的"风景"与"爱美的"学问》,《光明日报》2009年8月20日。
[2] 参见《陈平原:寻找21世纪中国的"大学之道"》(俞熙娜整理),《钱江晚报》2007年12月18日第14、15版。

痍的废墟上重建教育。借用建安八年（203）曹操所下《修学令》："丧乱以来，十有五年，后生者不见仁义礼让之风，吾甚伤之。其令郡国各修文学。县满五百户置校官，选其乡之俊造而教学之。庶几先王之道不废，而有以益于天下。"中国历史上几次影响重大的衣冠南渡，就其实际效果而言，确实在某种程度上实现了教育、文化及科技的转移，但从未有过在战争中为保存文化而有计划、成建制、大规模地撤退学校的壮举。抗战中中国大学之所以没被炸垮，还能弦歌不辍，乃中央政府、后方民众以及大学师生共同努力的结果。

如此扣人心弦的故事，古代中国未有，同时期欧美各国也谈不上——那是因为，美国远在天边，不太受战火影响；英国虽被轰炸，国土未被入侵；法国全境被占领，大学无处可迁；唯有前苏联，在卫国战争中同样存在大学内迁的现象。只是因各大学在外流徙时间不长（以莫斯科大学为例，1941年10月迁离危城，1943年春胜利回归），没能像西南联大等中国大学那样，不但未被战火摧毁，还在发展壮大的同时，催生出众多美好的"故事"与"传说"。

谈及西南联大等内迁大学的贡献，容易说的，是有形的，如培养人才、推动科研以及投身战场；不太好说的，是无形的，那就是在生死存亡的关键时刻，如何凸显某种高贵的精神气质。具体说来，硝烟弥漫中，众多大学师生之弦歌不辍，这本身就是一种稳定人心的力量。抗战中，大批中国大学内迁，其意义怎么估计也不过分——保存学术实力，赓续文化命脉，培养急需人才，开拓内陆空间，更重要的是，表达了一种民族精神以及抗战必胜的坚强信念。而在中国大学日渐富有、也日渐世俗化的今日，谈论那些已经隐入历史深处的、"破破烂烂但却精神抖擞"的西南联大等，也算是"别有幽怀"。

我曾提及："跟专业的教育史家不同，我的研究带有明显的问题意识，首先是解决自己心中的困惑，而后才是史学价值的追求。不过，一旦进入具体课题的实际操作，我还是努力保持史家实事求是、多闻阙疑的风格。我说过，在中国，争辩教育得失，不专属于教育家和教育史家，而是每个知识分子都必须承担的权利与义务。我已出版的几本小书，大体上都是实践这一诺言，即便不够专业，起码也是认真思考的产物。"[1] 因专业背景的关系,我谈晚清至五四新文化运动时期的中国大学，最为拿手当行；其次便是对于当下中国教育改革大潮的评论——思考不见得周

---

[1] 陈平原：《我的"大学研究"之路——代自叙》，《大学有精神》，北京大学出版社，2009年。

全，但洞见还是有的。至于中间这一大块，我之选择"抗战烽火中的中国大学"，是希望兼及史学研究与现实关怀。

说起来，关于"战争中的大学"这个题目，我酝酿了好长时间，只是多为演说或短论，不太能端上台面，只好任其散落各处。

记得我最早谈论这个问题，是1997年1月为北京大学出版社重刊《中古文学史论》所撰跋语，其中提及："南渡的感时伤世、魏晋的流风余韵，配上嵇阮的师心使气，很容易使得感慨遥深的学子们选择'玄学与清谈'。四十年代之所以出现不少关于魏晋南北朝的优秀著述，当与此'天时''地利'不无关联。"[1] 对于西南联大乃至所有内迁大学的教授及学生来说，"南渡"既是学术对象，也是文化氛围，更是精神传统——时至今日，我仍坚持这一发现。另外，谈内迁大学的教学及科研，既充分肯定其业绩，也不盲目拔高，理解各专业领域所受战争的影响不同，体贴学者们是如何八仙过海各显神通的，如此观察与评论，兼及政治史、学术史与教育史，使得我谈抗战中的中国大学，可与此前此后的大学史论述血脉相连。

三年后，我发表题为《过去的大学》的短文，谈西南

---

[1] 参见王瑶著《中古文学史论》，第440—445页，北京大学出版社，1998年。

联大极为严苛的图书借阅制度,以及教授会在动荡年代所发挥的作用。前者是为了渲染大学的艰难处境,后者则凸显联大如何"内树学术自由之规模,外来民主堡垒之称号"[1]。但撰写此文的主要目的,是推介六卷本的《国立西南联合大学史料》(北京大学、清华大学、南开大学、云南师范大学编,昆明:云南教育出版社,1998年)。而对我本人来说,从中得到的最大好处是,熟悉西南联大这些琐琐碎碎的档案资料,必要时可以手到擒来。

又过了两年,我在《中华读书报》上发表《吴宏聪与西南联大的故事——吴宏聪先生的〈向母校告别〉及相关照片》[2],文章引述了我在中山大学读硕士期间的指导教授吴宏聪先生的来信及文章,讨论西南联大的学术品格。吴先生乃西南联大中文系助教,此前几年曾赠我精心保存的离开昆明前全系师生的合影,这回又专门撰文回忆那天拍照的情景,实在难得。此拍摄于1946年5月3日的"国立西南联合大学中国文学系全体师生合影",以及吴先生所描述的拍照前后的故事,是我每回演讲中国大学内迁历史时都要演示的。

---

[1] 参见陈平原《过去的大学》,《新民晚报》2000年7月16日。
[2] 参见陈平原《吴宏聪与西南联大的故事——吴宏聪先生的〈向母校告别〉及相关照片》,《中华读书报》2002年7月10日。

可我真正认真对待此话题，是从 2007 年开始。那一年，因参加宗璞先生从事文学创作六十周年座谈会，我发表《小说家眼中的西南联大》，谈及借文学作品了解西南联大，最值得推荐的是鹿桥的长篇小说《未央歌》，汪曾祺的系列散文（如《泡茶馆》《跑警报》《沈从文先生在西南联大》《西南联大中文系》《翠湖心影》等），以及宗璞的《野葫芦引》。带有总论性质的，是以下这段话："鹿桥的小说侧重'青春想象'，汪曾祺的散文则更多'文人情趣'，宗璞呢，我以为颇具'史家意识'，其系列长篇立意高远，气魄宏大。"[1] 系列长篇小说《野葫芦引》那时仅出版了前两卷（《南渡记》，1988 年；《东藏记》，2001 年），我预言，倘若计划中的《西征记》《北归记》能顺利完成，并保持前两卷的水准，那么，宗璞作为小说家的地位将大为提升，其在文学史上的既定评价也势必改观。

约略与此同时，中山大学为中文系老系主任、西南联大校友吴宏聪先生做九十大寿，我提前撰写了长文《六位师长和一所大学——我所知道的西南联大》，请《21 世纪经济报道》及时刊出，且送到了祝寿会场。此文主要谈论

---

[1] 陈平原：《小说家眼中的西南联大》，《新京报》2007 年 11 月 7 日，以及《群言》2007 年 12 期。

吴宏聪、王瑶、季镇淮是如何饱含深情地追忆他们各自的导师杨振声、朱自清、闻一多，并借此呈现他们对西南联大的想象的[1]。

那年的12月15日，我在浙江人文大讲堂做题为《教育史上的奇迹——西南联大的意义》的专题演讲，现场效果很好，《钱江晚报》记者据录音整理，以《陈平原：寻找21世纪中国的"大学之道"》为题，初刊《钱江晚报》2007年12月18日第14、15版。虽然日后收入北大出版社2009年版《大学有精神》时，我改回了原来的题目，但我承认，"寻找21世纪中国的'大学之道'"，确实是那次演讲"压在纸背的心情"。此报道摘录了我演讲的四个片段，分别是"留下了'读书种子'""联大人胜在'心态'""全力培养本科生"以及"今天我不想谈校长"，另外一半篇幅则留给了现场问答，因此显得很有现实针对性。

其实，那年4月，春暖花开时节，我还在云南大学做了题为《此情可待成追忆——关于大学生活的追怀与叙述》的专题演说，涉及西南联大处，我引证了冯友兰的自述、吴宓的日记、汪曾祺的散文、冯钟璞（宗璞）的小说，还

---

[1] 陈平原：《六位师长和一所大学——我所知道的西南联大》，《21世纪经济报道》2007年11月12日。

有四位老学生的回忆录——杨振宁的《读书教学四十年》、何炳棣的《读史阅世六十年》、许渊冲的《追忆似水年华》以及何兆武的《上学记》等。只不过这篇初刊《学园》创刊号（昆明：云南人民出版社，2008年）的演讲稿，着重点在如何追怀大学生活，兼及昆明的西南联大、香港的新亚书院以及英国的剑桥大学，现场效果虽不错，但体例驳杂，我不满意，故从未收入自家集子。

第二年深秋，参加日本学者木山英雄《北京苦住庵记——日中战争时代的周作人》中译本出版座谈会，追使我从另一个角度思考问题。那就是怎么看待抗战中沦陷区的政治及文化生态，以及如何谈论类似周作人这样的"落水文人"。在《燕山柳色太凄迷》一文结尾处，我谈及读《北京苦住庵记》的感想："对于生活在太平岁月的读书人来说，面对乱世中的'文人落水'，首先是哀矜勿喜，千万不要有道德优越感。其次，不管是讥讽／批判，还是理解／同情，谈论此类错综复杂的历史场景及人物，分寸感很重要，即所谓'过犹不及'是也。作为史家，必须坚守自家立场，既不高自标榜，也不随风摇荡，更不能一味追求文章之'酣畅淋漓'。有时候，论者之所以小心翼翼、左顾右盼，文章之所以欲言又止、曲折回环，不是缺乏定见，而是希望尽可能地体贴对象。"[1] 如此有感而发,因为那段时间,我正关注"伪北京大学""伪中央大学",以及沦陷区读书人的精神状态。既坚守自家立场,又保持必要的张力,这种论述姿态,使得我在辨析教授们离开北平时的"毅然"与"茫然",以及在民族大义与个人处境之间的痛苦挣扎,有较为真切的感受与体悟。

我之谈论抗战中的中国大学,至此方才正式上路。此前乃随意点染,算不上专业研究,故不收入本书;唯一的例外是《六位师长和一所大学——我所知道的西南联大》,因可见最初的研究思路及感怀,故特意保留。本书共四章,各文的大致思路如下:

第一章《此情可待成追忆——中国大学内迁的历史、传说与精神》(初刊《澳门理工学报》2015年2期)酝酿很早,定稿却在最后。讲述抗战中中国大学内迁这一段波澜壮阔的历史,事后回忆与学者发掘固然重要,但更值得关注的是当事人当年的文字,看他们如何在惊魂未定之际回首往事,制造传说,总结经验,畅想未来——那既是文学,也是历史,更是精神。此文借1941年《教育杂志》

---

[1] 陈平原:《燕山柳色太凄迷——读木山英雄〈北京苦住庵记〉》,《读书》2008年12期。

的"抗战以来的高等教育专号"、《战时全国各大学鸟瞰》一书以及《解放日报》所刊《抗战后专科以上学校集中区域》,勾勒各大学的迁移路线、地理分布以及办学特色。另外,选择二十篇或年轻学生或大学校长的文章,纵横交错,呈现战时中国大学的精神风貌。文章最后讨论如何跨越虚构与写实的鸿沟,让日渐遥远的"老大学的故事"重新焕发光彩。

第二章《永远的"筘吹弦诵"——关于西南联大的历史、追忆及阐释》(初刊台湾《政大中文学报》第16期,2011年12月)试图从教育史、学术史、思想史、文化史乃至政治史等不同角度入手,重新发掘国立西南联合大学的历史、传说与精神。于颠簸流离中弦歌不辍,此乃当年中国大学的共同生态;可后人谈论抗战中的学术文化建设,为何多以西南联大为例证?除了三校合一学术实力超强,更因牵涉"故事"的诞生与传播机制。而对于这所明星大学,近年学界及媒体多有高唱赞歌的,本文之强调"必胜信念、学术关怀以及师生情谊",凸显"以本科教学为中心"、辨析"人和"的另一面,自信有不少精彩的发现。

与前两章之历经多次演讲的打磨不同,第三章《岂止诗句记飘蓬——抗战中西南联大教授的旧体诗作》(初刊《北京大学学报》2014年6期)却是一气呵成。陈寅恪、吴宓、朱自清、潘光旦、浦薛凤、魏建功、浦江清、萧涤非等八位西南联大教授，抗战期间多有旧体诗创作，当初很少公开发表。他们的相互唱酬不只是因为共同的文学兴趣，感情交流与相互慰藉或是更重要的因素，注重的是友情、修养与趣味。八位教授学术背景各不相同，之所以都选择旧体诗，既确认其文化身份，让作者得以思接千古；又可以借助韵语，表达某些幽微的思绪以及不合时宜的感觉，指向的是个人修养、历史意识与文化情怀。这些"有情"且"鲜活"的史料，让我们得以了解他们在战火中的遭遇与思考、困惑与怨怼，以及压在著述背后的心情。

第四章《六位师长和一所大学——我所知道的西南联大》体例上有点特别，如此"公私兼顾"，既谈我的导师，也谈导师的导师，希望在三代师生的视野交汇处，凸显一所大学所曾经拥有的英姿。如此设计，作为单篇文章没有问题，收入本书则略嫌松散。当初之所以抛开大路，另辟蹊径，选择"限制叙事"策略，最大的理由是，对于像我这样喜欢玩味细节的读者来说，这样写显得更亲近，更可信，也更有人情味。

为了凸显大思路，本书删繁就简，就选这四篇互相交叉、略有重叠、可以对照阅读的大文章。其工作目标是，借助档案、报道、日记、书信、散文、杂感、诗词、著作等不同史料的仔细辨析，跨越虚构与写实的鸿沟，让日渐遥远的"大学精神"重新焕发光彩，也让"富贵不能淫，贫贱不能移，威武不能屈"的大丈夫形象重新站立起来。

这既是世界教育史上一段异彩纷呈的华章，也是中华民族复兴路上一座昂然屹立的丰碑，讲述如此波澜壮阔的故事，确实需要兼及"历史、传说与精神"。本书的论述策略是：第一，注重历史资料的发掘，第二，着意生活细节的勾勒，第三，强调教育规律的总结，第四，凸显读书人的心境与情怀，第五，引入国际视野以及当下的问题意识。若真能做到这五点，这个本就很精彩的"大学故事"，是能讲好的。至于"绪言"的标题套用罗家伦《炸弹下长大的中央大学——从迁校到发展》（初刊1941年《教育杂志》，后收入《逝者如斯集》，台北：传记文学出版社，1967年），只动一字，尽得风流，目的是向罗家伦等饱经忧患而奋斗不息的前辈们致意。

本书第一、二章是经历多次演讲、不断"演进"而成的，虽说汇集成书时做了认真剪裁，还是带有明显的说话口气。"演说腔"的残留，多少影响文章的学术深度。但我不后悔。因为，当初现场听众的热烈反应，已给了我很大鼓舞。某大学教授听完演讲，甚至建议我举办"巡回演出"——不是因为我的表演格外出色，而是故事本身很动人，值得年轻一辈认真倾听。

这就说到了图像资料。每回成功的演讲，精心准备的演示文稿（PPT）起了很大作用。尤其是"秀"出不少珍贵的历史照片，给听众以意外惊喜，抵得上研究者的千言万语。本书之所以限制篇幅，一个重要因素是为了方便配图。不是所有的书籍都需要插图，但此书非"左图右史"不可。

仅以此小书，纪念伟大的中国人民抗日战争胜利七十周年。

2015年2月17日初稿，2月28日修订于京西圆明园花园

1944年秋,西南联大中文系教授欢送罗常培赴美讲学
左起朱自清、罗庸、罗常培、闻一多、王力

1946年5月西南联大中文系师生合影

此情可待成追忆
——中国大学内迁的历史、传说与精神

一、炸不垮的中国大学

这是一场惨烈的战争。不管叙述框架大小,是十四年抗战全景(1931—1945),还是八年全面抗战(1937—1945),中国人民为反抗侵略而承受的牺牲,据近年的研究成果:伤亡约 3500 万人,直接财产损失 1000 亿美元以上,间接财产损失 5000 亿美元[1]。除了人口及经济上的损

---

[1] 参见中共中央党史研究室第一研究部著《中华民族抗日战争史》第 759 页,北京:中共党史出版社,1995 年;何理《中国人民抗日战争史》第 454 页,上海人民出版社,2005 年。另外,抗日战争尚未结束,中央研究院社会研究所韩启桐编著《中国对日战事损失之估计(1937—1943)》(上海:中华书局,1946 年),分论人口伤亡、财产损失、资源丧失、其他负担等,其中提及人口伤亡 1075 万 8 千多。

失,这还是一场文化大劫难——毁灭了众多图书典籍、重要文物、古建筑等,其中尤以各级学校的惨遭轰炸最为令人发指[1]。

面对强敌,中国政府在全力抵抗的同时,不得不以空间换时间,即所谓"苦撑待变"。因此,也就有了近乎不可能的大撤退——在有限的时间内,有条不紊地实现了政府内迁、工厂内迁、企业内迁、学校内迁、文物内迁等。如此大规模内迁,"衣冠西渡",没有丧失战斗意志,固然很不容易[2];而西南大后方"接纳和安置了大批内迁的机关、工厂、学校和人口,保存和发展了抗战力量",同样值得高度赞许[3]。本文所讲述的"中国大学内迁的历史、传说与精神",必须放置在如此大背景下,才能看得清楚。

1937年夏天,战争全面爆发,日本飞机轰炸天津、南京时,居然选择南开大学、中央大学等非军事目标。一

---

[1] 参见孟国祥《大劫难——日本侵华对中国文化的破坏》,北京:中国社会科学出版社,2005年。

[2] 参见苏智良等编著《去大后方——中国抗战内迁实录》,第8—16页,上海人民出版社,2005年。

[3] 参见中国抗日战争史学会、中国人民抗日战争纪念馆编《抗战时期的西南大后方》第十二章"西南大后方对抗日战争的贡献",北京出版社,1997年。

开始中国政府及新闻界还在抗议,很快明白了对方的思路:不是误炸,而是有意为之,借以打击你的士气,最大限度地制造恐慌情绪。某种意义上,炮火连天中,中国大学依旧弦歌不辍,这本身就意味着力量与勇气,说明这个国家没有屈服,还在顽强战斗,且对未来充满信心。各大学内迁路线及最后立足地不同,但《西南联合大学校歌》还是唱出了共同的心声:"万里长征,辞却了五朝宫阙,暂驻足衡山湘水,又成离别。绝徼移栽桢干质,九州遍洒黎元血。尽笳吹弦诵在山城,情弥切。"[1]

抗战胜利后不久,《中华教育界》复刊,其第一卷第一期为"抗战十年来中国教育总检讨专号"。其中大夏大学校长欧元怀所撰《抗战十年来中国的大学教育》,有一段抗战中国大学命运的简要描述:

> 抗战初起,高等教育遭受着极大的危机,最先是大学关门论的意见,大逞威风,战时教育专家,讥笑着高大森严的黉宫,认为毕业即失业,学生即学死的现象,已经宣告大学教育的破产,大学在炮火的炽炼

---

[1] 《西南联合大学校歌》,载西南联合大学北京校友会编《国立西南联合大学校史》,第1页,北京大学出版社,1996年。

中,变为抗战的累赘,而需要加以廓清。可是这一主张,被"战时要当平时看,平时要当战时看","教育不应分战时与平时"的理论否决了;于是高等教育在战时非但维持着,而且更大大的扩张着。至胜利的三十四年度为止,全国专科以上学校共141所,教职员数为10901人,学生数80646人,而抗战以前我国专科以上学校仅108所,学生数41922人,这个简单数字,说明了一个事实,即抗战并没有取消了大学,而是相反的繁荣了大学。[1]

多年后,战时的教育部长陈立夫,在《战时教育行政回顾》中谈及如何否决"完全改变平时教育的性质,一切课程及训练均以适应军事需要为前提"的时髦说法:"我当时根据抗战与建国双管齐下的国策,认为建国需要人才,教育不可中断。并且即在战时,亦需要各种专技人才的供应,有赖学校的训练。"[2] 此论述得到最高当局的支持,因此战时的中国大学没有沦落成为培训班。至于"抗战期间

---

[1] 欧元怀:《抗战十年来中国的大学教育》,《中华教育界》复刊第一卷第一期,第7页,1947年1月15日。
[2] 参见陈立夫《战时教育行政回顾》,第10页,台北:台湾商务印书馆,1973年。

教育部最显然易见的成就,便是原有的各级教育,虽因国土沦陷,幅员缩小,以及人力物力的维艰,非但没有萎缩,还有些学校在数量上大有增加",陈立夫引的是《第二次中国教育年鉴》,数字略有出入:1936年度专科以上学校108所,1944年度增加为145所。其实,战争的头两年,风雨飘摇,若干大学停办,不少学生失学,统计数字是很不好看的。"依教育部二十八年度的统计,战前专科以上学校一〇八校,因战事迁移后方者有五十二校,迁入上海租界或者香港续办的二十五校,停办的十七校。其余十四校,或是原设后方,或是原在上海租界,或是教会大学能在沦陷区继续上课的。"即便转移到大后方坚持办学,也会时常遭受日本飞机的轰炸:"实际当时全国专科以上学校照常开设未受战事影响的,只有新疆文理学院一校而已。"[1]

外在环境如此艰危,但中国大学惨淡经营,不仅没被炸垮,还昂然屹立,略为修整后便大踏步前进,实在令人敬佩。无论时人还是后来者,谈及这段历史,最容易蹦出来的字眼是"迁徙"。不妨先引两段当年的文字,作为本文的"引子"。

---

[1] 参见陈立夫《战时教育行政回顾》,第13—17页。

1940年底，广东省立文理学院院长林砺儒为《教育杂志》撰文，谈及本校迁徙之艰难："乃于（1937年）十月中旬，迁避梧州。二十七年十月，广州沦陷后，我们再迁藤县；二十八年一月，三迁柳州融县；九月四迁归粤北乳源；去年一月五迁至连县。抗战迄今，凡五次迁徙，而全部图书仪器没有损失，师生也无恙，还算是幸运。"[1]让林院长万万没想到的是，随着战事的变化，学校还得继续迁徙。"六迁曲江，七迁回至连县，八迁罗定"——难怪时任教育部长的陈立夫断言广东省立文理学院是抗战中高校"迁校次数最多的"。与此相对应的是"迁移最远"的西南联大——尤其值得称道的是那些翻越崇山峻岭，徒步从长沙走到昆明的师生[2]。

1938年2月20日，长沙临时大学（即日后的西南联大）约三百名师生组成的湘黔滇旅行团启程，经过3500里长途跋涉，于4月28日到达昆明。此次"小长征"，无论当时还是日后，都被一再表彰。正如美国学者易社强（John Israel）所说："这次长征是一次艰苦卓绝的跋涉之旅。此后是八年患难，它成为中国知识分子群体才能的象征；因

---

[1] 林砺儒：《抗战以来的广东省立文理学院》，《教育杂志》第三十一卷第一号，第49页，1941年1月10日。
[2] 参见陈立夫《战时教育行政回顾》，第17页。

此,也成为中国高等教育和文化持续不辍的象征。"[1]可是,很多内迁大学都有类似的故事,为何西南联大独领风骚?这很大程度得益于文字的力量。因湘黔滇旅行团指定了丁则良等三人为日记参谋,全面记录旅行团活动,写成了约二十万字的日记,寄到香港交商务印书馆刊行,只是因太平洋战争爆发而不幸失落[2]。即便如此,也有诸多书写刊行。这里仅引录初刊于1946年《联大八年》的《长征日记——由长沙到昆明》,作者乃生物系助教吴征镒,日记结尾处有这么一段话:

> 全行程计长沙至晃县六三五点五公里,晃县至贵阳三七二公里,贵阳至盘县四一二点三公里,盘县至昆明二四三点八公里,共一六六三点六公里,号称三千五百华里。然除去乘船乘车外,实在步行距离,无确切记录。大约二六〇〇华里而已。自二月二十日晨至四月二十八日下午,共行六十八天。中间乘船乘车或休息或阻滞外,实走了四十天,每天平均

---

[1] 易社强著、饶佳荣译:《战争与革命中的西南联大》第64页,台北:传记文学出版社,2010年。

[2] 参见张寄谦编《中国教育史上的一次创举——西南联合大学湘黔滇旅行团记实》(北京大学出版社,1999年)的《序》。

约六十五里，正合一个马站。曾昭抡先生走路一步不苟，每上下坡必沿公路走之字折，大约为全团走路最多的。[1]

兵荒马乱中，还有如此精确的计算！此等文字，比任何形容词都有力量。加上旅行团里日后人才辈出，难怪被作为抗战中大学内迁的代表或象征。

中国大学不仅成功内迁，而且顶住轰炸，弦歌不辍，这不禁让人想起当年中央大学校长罗家伦的名言："武力占据一个国家的领土是可能的，武力征服一个民族的精神是不可能的"；"我认清敌人可以炸毁的是我们的物质，炸不毁的是我们的意志！炸得毁的是我们建设的结果，炸不毁的是我们建设的经验！"[2]

讲述这一段波澜壮阔的历史，事后回忆与学者发掘固然重要，但我更看重当事人当年的文字，看他们如何在惊魂未定之际回首往事，制造传说，总结经验，畅想未来——那既是文学，也是历史，更是精神。

---

[1] 吴征镒：《长征日记——由长沙到昆明》，《联大八年》，第22页，北京：新星出版社，2013年。
[2] 罗家伦：《炸弹下长大的中央大学——从迁校到发展》，《教育杂志》第三十一卷第七号，第58页、63页，1941年7月10日。

二、1941 年的统计

最早有意识地回首往事，谈论中国大学内迁的，不是 1986 年的《笳吹弦诵在春城——回忆西南联大》（西南联合大学北京校友会编，云南人民出版社、北京大学出版社），也不是 1981 年出版共 21 册的"学府纪闻"丛书（台北：南京出版有限公司），甚至不是 1946 年的《联大八年》（西南联大《除夕副刊》主编，西南联大学生出版社刊印），而是在战火纷飞的 1941 年发布的三个看似散乱、实则互相关联的"文本"——前方战事相对平稳，迁徙后方的大学也基本站稳了脚跟，出于总结经验、自我鼓励以及招收新生的需要，大学开始"讲故事"。半个多世纪后看，《教育杂志》的编专号、《民意周刊》的出文集，以及《解放日报》的勾勒图景，都提供了绝好的教育史料。

说"招生需要"，并非贬低这些热情洋溢的文字。这么多大学内迁，生源必须跟上；而如何吸引沦陷区的青年到大后方求学，既是教育方针，也是政治策略。1940 年 10 月 17 日王云五在香港无线电台播音之演说词，题为《现代中国高等教育之演进》，提及国土沦陷，大学西迁，青年学生辗转求学："三年以来，每届招生，应考者辄多至一二万人，其中自上海租界及香港应考者，亦多至数千人。

青年学子，宁舍上海香港之物质之享受，与目前之安全而不远数千里，长途劳苦，并甘冒空袭之危险，与甘受物质之限制，以求精神之安慰与学问之上进；真足与西南各省大学专校之教职员，不避艰危，再接再厉，以为国家在抗战期内继续造就人材者,互相比美。"[1] 翻阅各家校史以及当年大学生的各种追忆，穿越封锁线，到大后方求学，绝对是人生路上关键性的抉择[2]。

  如何给有意到大后方读书的青年人提供有用信息，让他们知道各大学目前的处境以及办学方针，是教育者及出版人都必须考虑的。1941年7月出版的《教育杂志》第三十一卷第七号，后面附有商务印书馆"最新出版，业已运到内地"的《全国专科以上学校最近实况》的出版广告："本书包含全国专科以上三十八校最近实况之纪录，每校一篇，由各校负责方面执笔，材料新颖正确。末附教育部高等教育司所编各学院升学指导及全国专科以上学校调查表等多种，为有志升学者所必备。"[3] 强调

---

[1] 王云五：《现代中国高等教育之演进》，《教育杂志》第三十一卷第一号，第62页。

[2] 蒋梦麟《西潮》(香港：世界书局,1971年) 称："多数学生是从沦陷区来的，他们往往不止穿越一道火线才能到达自由区，途中受艰难险阻，有的甚至到达大后方以前就丧失了性命。"(第233页)

[3] 该广告刊《教育杂志》第三十一卷第七号，第72页。

"升学必备",当然是商业广告;可多年后查阅,扑面而来的却是历史烟云。

商务印书馆1941年1月10日刊行的《教育杂志》第三十一卷第一号乃"抗战以来的高等教育专号",总共介绍了西南联大、中山大学、武汉大学、浙江大学、四川大学、暨南大学、厦门大学、广西大学、东北大学、大夏大学、复旦大学、光华大学、金陵大学、华中大学、华西大学、岭南大学、广州大学、中华大学、齐鲁大学、江苏医学院、广东省立文理学院、江苏省立教育学院、福建协和医学院、南通学院、国立艺专、西北技专、上海美专等27所大学。因是杂志组织的稿子,除《广西大学的今昔》外,其余标题统一为"抗战以来的××大学"。至于作者,有只署校名的,如东北大学、光华大学、岭南大学等;也有校长领衔的,如武汉大学校长王星拱、复旦大学校长吴南轩、广东省立文理学院院长林砺儒。接下来的几期《教育杂志》,又分别介绍了十所学校(或全称,或简称,依照原刊文章题目):国立西康技艺专科学校、武昌艺专、国立中央技艺专科学校(2月号)、国立西北医学院(4月号)、无锡国专、川至医专(5月号)、中央大学、国立师范学院、国立西北工学院(7月号)、北平民国学院(11月号),明显是在拾遗补缺[1]。

与《教育杂志》之介绍37所大学"抗战以来"的情况相映成趣的,是重庆独立出版社1941年3月所刊《战时全国各大学鸟瞰》(王觉源编)。此书乃"民意丛刊之三",作者都是《民意周刊》的特约通讯员,全书内容十之七八在《民意周刊》发表过,故依原先发表的顺序排列;未收沦陷区或距离陪都较远的学校,且有约稿未到或文章不如人意的[2]。全书380页,收文47篇——也就是说介绍了47所大学,标题大都是"抗战中的××大学"。具体谈及的学校包括:广西大学、西北大学、东北大学、中央政治学校、中央大学、河南大学、西北工学院、四川大学、重庆大学、齐鲁大学、西南联合大学、厦门大学、大夏大学、英士大学、复旦大学、交通大学唐山工程学院、山西大学、浙江大学、金陵大学、云南大学、光华大学、中正大学、湖南大学、四川教院、广东省立文理学院、民国学院、国立师范学院、中山大学、同济大学、中华大学、暨南大学、民族文化学院、西北师范学院、国立女子师范学

---

[1] 此外,第四号刊《抗战以来的中大农林植物研究所》(叶华)、第十号刊《抗战以来的武汉大学》(任健我),因与上述学校重叠,不计入。
[2] 参见王觉源《编者之言》,王觉源编《战时全国各大学鸟瞰》,重庆:独立出版社,1941年。

院、中央技专、武昌技专、西北技专、西康技专、铭贤农工专科学校、中正医学院、江苏医学院、湘雅医学院、福建省立医学院、无锡国学专修学校、西北医学院、武汉大学、岭南大学等。

不计重复的 28 所专科以上学校，《教育杂志》独有的是华中大学、华西大学、广州大学、江苏省立教育学院、福建协和医学院、南通学院、国立艺专、上海美专等 8 校；而《战时全国各大学鸟瞰》补充进来的有西北大学、中央政治学校、河南大学、重庆大学、英士大学、交通大学唐山工程学院、山西大学、云南大学、中正大学、湖南大学、四川教院、同济大学、民族文化学院、西北师范学院、国立女子师范学院、铭贤农工专科学校、中正医学院、湘雅医学院、福建省立医学院等 19 校。换句话说，一刊一书介绍的，总共 55 所专科以上学校。即便两边都谈，文章的作者及内容也不一样：都涉及校史与现状，环境与课程，教学与生活；但相对来说，《战时全国各大学鸟瞰》更随意些，除了文章长短不一（广西大学 16 页，暨南大学 4 页），文风各异，还夹杂不少个人感慨与细节描写。

文章好坏不谈，先说当年中国大学的地理分布。1941 年 10 月 25 日延安《解放日报》第 3 版刊有《抗战后专科以上学校集中区域》，此文原为表格，分作"区域""学校""学生数"三栏。学生人数,成都(川西)区约6500人,重庆(川东)区约7000人,昆明(云南)区约4500人,贵阳(贵州)区约4000人,西北区约5000人,两广区约4000人,湘西区约1100人,上海区(原注:伪校不在内)约7400人,北平区(原注:伪校不在内)约2500人,其他地区约3000人。至于学校,可补《教育杂志》及《战时全国各大学鸟瞰》之缺的有:成都区的金陵女院、朝阳学院;重庆区的药学专校;昆明区的国术体育专校;贵阳区的贵阳医学院;西北的西北农学院;两广区的国民大学、勷勤学院;湘西区的商业专校;上海区的交通大学、上海医学院、上海商学院、沪江大学、震旦大学、东吴大学、大同大学、上海法政、太炎文学院、达仁学院、新中国大学;北平区的燕京大学、辅仁大学、中国大学、协和医学院、铁路专校、中法大学;此外还有在福建之华南女子文理学院,在浙江之省立医专,在江西之苏皖政治学院等29所[1]。

除了共同涉及的28校,加上《教育杂志》介绍的8所、《战时全国各大学鸟瞰》谈论的19所,以及《解放日报》

---

[1] 《抗战后专科以上学校集中区域》,延安《解放日报》1941年10月25日第3版。

提及的 29 所，1941 年的中国大学，见诸三大"文本"的就有 84 所。考虑到那时中国大学刚从最初的慌乱中喘过气来，这个数字已经相当可观了。但这里有几个问题，必须略加厘清。

第一，上述专科以上学校，不一定都是内迁的，包括本地原有的大学（如四川大学、云南大学）；而且，"西迁"虽是主流，也有在省内迁徙的（如厦门大学、河南大学）。第二，《解放日报》所刊表格，附注中已经说明："陕甘宁边区及敌后各抗日根据地不在内"。[1] 而熟悉现代中国史的人都知道，共产党领导的陕北公学、鲁迅艺术文学院、延安大学、华北联合大学等，虽没有纳入国民政府主导的高等教育系统，却也别具一格，值得高度重视[2]。第三，1941 年 12 月 7 日日军偷袭珍珠港，太平洋战争爆发；北平及上海等地又有不少高校停办（协和医学院、沪江大学）或内迁（燕京大学迁成都、交通大学迁重庆），中国大学版图将发生很大的变化。第四，中国人民政治协商会议西南地区文史资料协作会议编《抗战时期内迁西南的高等院

---

[1] 《抗战后专科以上学校集中区域》。
[2] 参见成仿吾《战火中的大学——从陕北公学到人民大学的回顾》，北京：人民出版社，1982 年；曲士培《抗日战争时期解放区高等教育》，北京大学出版社，2005 年。

校》,收录《抗日战争时期内迁西南的高等院校情况一览表》,记载抗战期间迁往西南的高校56所,其中未见《解放日报》表格的有36所;那是因统计时间不同,有统计时已迁走的(如国立中山大学),也有统计时尚未迁入的(如国立交通大学)。但除掉这些,还是有不少重要的遗漏,如1937年由青岛迁四川万县的山东大学、1938年由青岛迁四川万县的山东医学专科学校、1939年由南京迁四川江安的国立戏剧专科学校、1939年由上海迁重庆的国立音乐学院等[1]。第五,最近十几年,随着学界对于抗战中大学内迁的研究日渐深入,这个数字还在不断增加[2];只是大学的规模大小、办学时间长短,须实事求是,不要人为拔高。

战时中国大学的内迁,乃"为了保全国家元气",其间"中央及地方教育行政机构,决定迁移大计,适应军事

---

[1] 参见《抗日战争时期内迁西南的高等院校情况一览表》,《抗战时期内迁西南的高等院校》第352—356页,贵阳:贵州民族出版社,1988年。

[2] 参见余子侠《抗战时期高校内迁及其历史意义》(《近代史研究》1995年6期)、徐国利《关于抗战时期高校内迁的几个问题》(《抗日战争研究》1998年2期)、夏绍先《抗战时期云南的教育——内迁院校与云南教育的发展》(《云南师范大学学报》2002年6期)、张成明与张国镛《抗战时期迁渝高等院校的考证》(《抗日战争研究》2005年1期)、胡瑛《抗战时期的高校内迁及其意义》(《文史杂志》2005年4期),以及侯德础《抗日战争时期中国高校内迁史略》,成都:四川教育出版社,2001年。

变化，随时指示机宜，相择地点，并拨给款项"，确实"煞费周章"；可我更看重的，还是"各校员工的勇敢与毅力"[1]。最近二十年，老大学在编写校史时，都会强调其抗战时期的内迁路线、过程、场景及人物；而文人学者以及广大读者也对此感兴趣，相关出版物很多。这里不想重复描述，只希望钩稽那些散落在当年的报纸杂志上、并非出自名家之手、因而很容易被埋没的精彩文字。

三、不该被埋没的文本

为了让论题相对集中，本文预先圈定西南联合大学、中央大学、浙江大学、中山大学、武汉大学、同济大学、厦门大学、河南大学、国立交通大学、西北联合大学等十所国立大学[2]，为每所大学从《教育杂志》"抗战以来的高等教育专号"或《战时全国各大学鸟瞰》选一则文章，略加摘引，重新编排，以补眼下各种校史论述之缺失。

1937年9月10日，教育部发布命令，由北京大学、

---

[1] 参见陈立夫《战时教育行政回顾》，第17—18页，但着重点应该倒过来。
[2] 河南大学原为省立大学，1942年3月10日，国民政府行政院通过了将其改为国立河南大学的决议。参见河南大学校史编写组《河南大学校史》，第173页，开封：河南大学出版社，2002年。

清华大学、南开大学组成长沙临时大学；11月1日，临时大学在岳麓山下正式上课。因日军沿长江一线步步紧逼，危及衡山湘水，师生们于1938年2月搬迁入滇，4月，改名国立西南联合大学。西南联大1946年5月4日举行结业典礼，7月31日宣布结束，上述三校迁回原址，师范学院留下来，改称昆明师范学院。因三校合一，西南联大的地位格外显赫，《教育杂志》"抗战以来的高等教育专号"将其作为开篇之作。撰写《抗战以来的西南联大》的查良铮，乃现代史上著名诗人穆旦（1918—1977），1940年在西南联大外文系毕业，刚留校任教。此文虽属职务写作，却也很见文采。谈及1939年10月13日日机轰炸西南联大，投下百余个轻重炸弹，"意欲根本毁灭了这个学校"，查文如此描述：

> 师范学院全部炸毁，同学财物损失一空；文化巷文林街一向是联大师生的住宅区，也全炸毁了；在物质方面，日人已经尽可能地给了打击。然而，就在轰炸的次日，联大上课了，教授们有的露宿了一夜后仍旧讲书，同学们在下课后才去找回压在颓垣下的什物，而联大各部的职员，就在露天积土的房子里办公，未

曾因轰炸而停止过一日。[1]

不愧是诗人,很会写文章,聊聊几笔,顿显精神。第二年2月,查良铮不做秘书活,投笔从戎,以助教身份参加中国入缅远征军去了。

与此文出自名家之手不同,以下引录的九则短文,作者多不可考,故不做单独介绍。抗战中的浙江大学,同样历尽艰辛:"经过四次大的搬迁,行程2600余公里,足迹遍及浙、赣、湘、桂、闽、粤、黔七省,于1940年1月到达黔北,在遵义、湄潭、永兴等地坚持办学,直至抗战胜利,于1946年5月返回杭州。"[2]大学内迁的特点在于,不是简单的逃难,而是在战火中坚持教学与科研。如浙大三迁广西宜山,"宜山县城,虽不甚大,而街市整洁,浙大校舍,以文庙标营为中心,又在标营,新建草棚,作临时教室,师生于此,安心教学者,计一年又两阅月之久"[3],直到1939年2月5日遭遇敌机轰炸,才不得不考虑转移。

---

[1] 查良铮:《抗战以来的西南联大》,《教育杂志》第三十一卷第一号,第2页。
[2] 参见李曙白、李燕南等编著《西迁浙大》(杭州:浙江大学出版社,2007年)的编者《序》。另《国立浙江大学》(台北:国立浙江大学校友会编印,1985年)第四辑"西迁纪实",收文27篇,载第385—545页。
[3] 祝文白:《抗日期间的浙江大学》,《抗战时期内迁西南的高等院校》,第119页。

关于此次大轰炸,《教育杂志》所刊孙祥治《抗战以来的国立浙江大学》,不以文采取胜,而以史料见长。上午 11 时,日机十八架侵入广西宜山,专炸浙江大学,共投弹 118 枚,浙大"东宿舍全毁,大礼堂、训育部、导师室、体育课、园艺系工作室,及新教室,均一部分被毁,学生二人微伤,余皆安然无恙";"惟学校经此次猛烈轰炸后,不得不加以整理,于是停课三日,于二月九日照常上课"。如此紧张的局面,大学也就停课三天,还专门记录在案,可见校方对于学业的重视。此文开列抗战以来浙大由杭州而建德、而吉安,而泰和,而宜山,而遵义,每学期具体的上课及停课时间:"虽迭经播迁,而每学期实际上课之周数,平均在十八星期左右,若加缴费注册选课等时日计之,则近二十星期矣。"[1] 所有在大学读过书或教过书的人都明白,这等于说,浙大即便在迁徙过程中,也都不曾停课。

叙述抗战中的国立交通大学,不是一件容易的事。因战前国立交通大学本就分三部分,上海是本部,此外还有北平铁道管理学院、唐山工程学院。八一三抗战爆发后,交大总部迁往上海法租界,重庆小龙坎设交大分校;太平

---

[1] 参见孙祥治《抗战以来的国立浙江大学》,《教育杂志》第三十一卷第一号,第 10 页、8 页。

洋战争之后，分校扩建为九龙坡的交大本部。另外，先在湖南湘潭复校、后迁湘乡杨家滩、贵州平越（今福泉）的唐山工程学院，1942年奉教育部令改称交通大学贵州分校。因此，无论台湾出版的《学府纪闻·国立交通大学》（1981年），还是大陆刊行的《老交大的故事》（1998年），都兼收唐山工程学院学生的文章。相形之下，谈九龙坡的文章（如魏凌云《杂忆九龙坡》），不及回忆平越生活的（如《平越二三事》《四十年前读书地》《我参加了徒步迁校的行列》）精彩[1]。而1941年的《教育杂志》以及《战时全国各大学鸟瞰》，不见谈论上海或重庆的交大，反而有漆镇白撰《交通大学唐山工程学院》。漆文中提及，"交大唐院的学生是最能吃苦的"，因学工程必须吃苦，在抗战中学工程更得吃苦，何况命运多舛的唐院一再迁移。接下来这段文字，描述的是从湖南湘潭到贵州平越这一路：

> 总共这次大迁移，从二十七年五月自湘潭迁出，

---

[1] 参见魏凌云《杂忆九龙坡》、陈兰荪《平越二三事》、卢善栋《四十年前读书地》，分别见《学府纪闻·国立交通大学》，第214—217页、218—247页、209—213页，台北：南京出版公司，1981年；林鸿标《我参加了徒步迁校的行列》，黄昌勇、陈华新编《老交大的故事》，第361—368页，南京：江苏文艺出版社，1998年。

到二十八年二月,在平越复课,时历半年。中途上课时断时续,对功课虽不无影响,但因有以往坚忍的精神,所以迁移结果,人数不但不减少,反而继续增加,规模不仅不缩小,反而渐渐扩大。这也许是唐院的迁校和其他的学校所不同的地方吧![1]

这越走越大的唐山工程学院,抗战胜利后,复名交通大学唐山工学院,并回到了唐山校园。至于九龙坡从分校到本部的转换,以及1942年上海法租界的交大被迫接受汪伪的管辖,不少师生愤而离校,这个故事,还是留给校史专家去讲述[2]。

说到校史的复杂,国立西北联合大学的命运最令人感叹唏嘘。1937年抗战全面爆发后,北平大学、国立北平师范大学、国立北洋工学院三所院校于9月10日迁至西安,组成西安临时大学。眼看太原失陷,西安临时大学1938年3月16日迁离西安,过渭河,越秦岭,抵达汉中

---

[1] 漆镇白:《交通大学唐山工程学院》,《战时全国各大学鸟瞰》,第154页。
[2] "被汪伪接管的交通大学无法阻止内迁,内迁的部分师生是自发的,零散的,有只身独往者,有三五结伴而行者,有举家西迁者。"见盛懿等编著《三个世纪的跨越——从南洋公学到上海交通大学》,第182页,上海交通大学出版社,2009年。

继续办学，校本部设在城固县城。1938年4月3日，教育部令西安临时大学改名国立西北联合大学。可惜好景不长，三个月后西北联大解体：其工学院和东北大学工学院、焦作工学院合并，成为国立西北工学院；农学院与西北农林专科学校合组为国立西北农学院；教育学院改称国立西北师范学院。1940年，西北师院奉命陆续迁往甘肃兰州；抗战胜利后，是否返回北平，有过激烈的抗争，最终结果是部分北归[1]。因此，1941年，《战时全国各大学鸟瞰》谈及的西北大学、西北师范学院，以及《教育杂志》介绍的国立西北工学院，都是西安临时大学/西北联合大学的合法继承人。紫纹《抗战期中的西北大学》所描述的"行军过秦岭"，应该是他们的共同记忆：

> 从此，进入窄窄的天的窄窄山窝中了。每早，摸黑地爬起来，把干粮袋搭在肩头上，用手杖支撑着，

---

[1] 北京师范大学校史编写组编《北京师范大学校史（1902—1982）》（北京师范大学出版社，1982年）称："抗战胜利后，国立西北师范学院的教师和毕业生，又有相当一部分留在了兰州西北师范学院。"（第120页）而西北师大校史编写组编《西北师大校史》（兰州：甘肃人民出版社，2002年）则曰："西北师院部分教职员工和300多名学生随即转赴北平，进入北平师范学院工作和学习。大部分师生仍留在西北师院，继续为西北地区的教育事业默默地奉献。"（第45—46页）

把一个个的脚印烙在古栈道上。夜间，在土坑上或是阴湿的泥土上甜甜地入梦。半夜醒来，满鼻子氤氲着牲口粪味，驴夫们痀偻着腰，在黑暗的角落里，吸着旱烟袋，让一明一灭的黝黯的光闪着，像是旷野中的鬼火。他们由【用】沙哑的嗓音谈着天，那语调浊重得好像就凝在三月的夜风里，叫人觉得生活又倒退了几个世纪。这么着，十二天过去了，数着自己一个接着一个的脚印，一个转弯，头上的天逐渐大起来，用着一种迫切的心情冲出山口，遥远的绿的原野上笑着一派红艳的桃花。心里像拾到一件宝物样的跳动。[1]

说到迁徙过程之曲折，创建于1907年的国立同济大学，绝对名列前茅。抗战八年，一迁上海市区，二迁浙江金华，三迁江西赣州，四迁广西八步，五迁云南昆明，六迁四川李庄[2]。李庄时期的同济大学，各方面发展达到了鼎盛时期。可此前在昆明的徘徊、计算与谋划，同样值得

---

[1] 紫纹：《抗战期中的西北大学》，《战时全国各大学鸟瞰》，第19页。
[2] 参见李法天、李奇谟《抗战期间同济大学内迁回忆片断》，《抗战时期内迁西南的高等院校》，第71—77页；武忠弼《我亲历的"同济长征"路线——忆母校1937—1946年的辗转搬迁》，黄昌勇、干国华编《老同济的故事》，第77—85页，南京：江苏文艺出版社，1998年。

关注。陈厚存《抗战中的国立同济大学》分九节讲述同济的历史以及迁移的历程，其中第八节谈现状："这次的校址，直至最近，方才决定了四川南溪县李庄。那里现正加工修葺校舍中。学生教授也正络绎不断地来川，因为校舍尚未建筑成功，所以目前都集中宜宾。"[1]

1938年10月因受战争影响而迁至云南澂江的国立中山大学，1940年8月奉命迁回粤北坪石。据余一心《抗战以来的中山大学》称，同学们最初很不喜欢澂江，因"苍蝇多，屎粪多，沙尘多，澂江人日上三竿不开店门，他们不洗脸，不洗澡，他们小气，他们顽固，他们好吃懒做，他们欺负外客人，他们不懂卫生，他们不守时间"；可历经艰苦生活的磨练，立场发生了变化：

> 广东的青年开始认识了中国的全貌，省籍的隔阂慢慢消除，那种过分夸大的广东精神，也受矫正。中山大学和其他的大学，如西南联大相形之下，自卑的

---

[1] 陈厚存：《抗战中的国立同济大学》，《战时全国各大学鸟瞰》，第249页。陈文九节的标题分别是："使人缅怀的过去历史和地理"，"从吴淞暂时迁到上海"，"迁移到浙江金华上课"，"迁赣的途中和设施"，"四迁而至八步"，"纵贯广西绕安南而到昆明"，"在昆明将近二年的概况"，"目前正行迁移中"，"我们没有忘记救国工作"。

人可以增高了自信,夸张的人不由不灭减了他的夜郎自大观念。[1]

既强调大学给澂江人民带来了文明开化的风气,也承认澂江人民改造了青年学生的趣味,二者相辅相成,方才是相对完整的论述[2]。

1937年12月至1945年7月,国立厦门大学内迁福建省西部的长汀。八年抗战,厦门大学坚守东南,"自觉地担负起粤汉铁路以东国立最高学府的全部责任"[3];而在战火纷飞的年代,"办学的首要任务不在教育、教学,而在求生","使得每个学生挑灯夜读时,不用再考虑'第二天的饭钱'如何解决"[4],是很不容易的事。值得庆幸的是,因搬迁及时,该校"图书仪器等损失远较其他内迁院校为轻"。下引《教育杂志》所刊《抗战以来的国立厦门大学》(胡依)的介绍文字,在谈及藏书数量时,与《战时全国各大学鸟瞰》中的吴执夫所撰《抗战中的国立

---

[1] 余一心:《抗战以来的中山大学》,《教育杂志》第三十一卷第一号,第5页。
[2] 中大在澂江的办学情况,参见黄义祥编著《中山大学史稿(1924—1949)》,第318—346页,广州:中山大学出版社,1999年。
[3] 参见朱水涌《厦大往事》,第112页,厦门大学出版社,2011年。
[4] 参见石慧霞《抗战时期的厦门大学——民族危机中的大学认同》,第70—71页,厦门大学出版社,2012年。

厦门大学》如出一辙：

> 该校图书馆现藏中日文书四四〇五〇册，西文书一五九六二册，中文杂志五三七五册，西文杂志一六二二二册，合计八一四六五册（实际相加数为八一六零九册——编注）。馆内经常订购中文报纸二六种，西文报纸三种，中文杂志一四四种，西文杂志一二八种。最近向国内外书局，订购价值二万余元的大批图书约千余册，已到校者约四百余册，余闻不久即可到校。[1]

1942年10月9日，西南联大中文系教授浦江清路过厦大，老友施蛰存领其参观图书馆，浦在日记中写下："西文书，凡语言、哲学、历史、医学、生物皆富，物理、化学、数学书亦可，而关于中国文学之书籍亦多，出意料之外。"尤其让他惊讶的是："又有德文书不少，自哥德以下至托麦斯·曼均有全集。尼采、叔本华全集英、德文皆有。亚里斯多德有最新之英译本。"[2] 那时的西南联大，图书资

---

[1] 胡依：《抗战以来的国立厦门大学》，《教育杂志》第三十一卷第一号，第19页。
[2] 浦江清：《清华园日记·西行日记》，第170—171页，北京：三联书店，1987年。

料十分缺乏,以至必须制定十分严苛的图书借阅制度[1];了解此背景,方才明白厦大为何对自家藏书特别得意。

抗战期间,河南大学先后辗转于信阳、南阳、洛阳、西安、宝鸡等地,其中停留办学时间最长的是豫西嵩县潭头镇(1939年5月—1944年5月)。学生回忆文章,写的也多是这一段生活[2]。《战时全国各大学鸟瞰》所收魏凡的《抗战中的河南大学》,让我们听到了当年大山深处的朗朗书声:

> 即使在最平常的日子,图书馆中也是坐满了人。实验室中的活动是没有停止过的。夜里,过了十二点,宿舍里还常常透露出灯光,早晨天一黎明,你可以看到各山坡上,河滩里,都有读书的同学。有时雨过初晴的清晨,你可以听到各种外国语的读音在和蛙鸣争噪。[3]

---

[1] 参见陈平原《过去的大学》,2000年7月16日《新民晚报》。
[2] 参见收入《学府纪闻·国立河南大学》(台北:南京出版公司,1981年)的李守孔《往事忆犹新》、李福生《母校四年》、王泳《潭头往事忆难忘》、华漫《潭荆采薇》等。
[3] 魏凡:《抗战中的河南大学》,《战时全国各大学鸟瞰》,第59页。

《战时全国各大学鸟瞰》各文参差,但有不少精彩的细节描写。与河南大学的读书声相映成趣的,是中央大学学生的百衲衣:

> 先说衣吧,像过去那种西装革履头发雪亮的大学生,现在在这里,真是变为"凤毛麟角"的了。大部分同学经常所穿的,都只是学校里代做的两套黄色制服。又因为布料的不好,和穿的时间过久,几乎没有一个人所穿的制服不是破旧不堪的。最容易擦破的地方要算是裤子的膝盖头和屁股上。有的人因为补不胜补,索性把膝盖以下的剪了去,裁成短裤。[1]

中央大学 1937 年 10 月开始西迁重庆沙坪坝,而后扩展到四个校区,是抗战期间得到政府特殊照顾,各方面都进行得比较顺畅的[2]。

陪都重庆街头走过衣衫破旧但精神抖擞的中大学生,

---

[1] 金易:《抗战中的中央大学》,《战时全国各大学鸟瞰》,第 47 页。
[2] 参见王德滋主编《南京大学百年史》,第 192—223 页,南京大学出版社,2002 年;王成圣《五十年前:战时大学生活》、王作荣《沙坪之恋》、赵瑞蕻《梦回柏溪》,张宏生、丁帆编《走近南大》,第 31—41 页、第 42—57、第 58—74 页,成都:四川人民出版社,2000 年。

以及豫西南深山小镇飘来朗朗书声,那只不过是抗战中大学生日常生活的缩影。战时的校园生活,不仅是孜孜苦读,也还有放松的时候。拱君《抗战中的国立武汉大学》,包括"天然的校园""特有的学风""食和住""学会""写作""教授""娱乐""图书馆""运动""男女关系""不同的省籍""考试""救亡工作"等十三节,引第七节"娱乐"中一段文字:

> 嘉定(乐山古称嘉州、嘉定,引者注)因为有幽美的环境,所以每当阳春三月的时节,武大的同学常结队成伍赴城外郊游,有时并举行野餐。或于清朗的月夜,举行着音乐会,千余同学,济济一堂,极尽人世间之乐事。在此国难严重之时,后方的大学竟还能享受这么幽美的生活,真是叫人不尽其羡慕。[1]

同样在长江边,只因慢走了一步,让中央大学等占了先,武大只好沿江上溯,扎根四川乐山。乐山办学八年,铸就

---

[1] 拱君:《抗战中的国立武汉大学》,《战时全国各大学鸟瞰》,第370页。

了武大校史辉煌的一页,也留下很多美好的记忆[1]。

上面引述的十则短文,均出自1941年《教育杂志》"抗战以来的高等教育专号"及王觉源编《战时全国各大学鸟瞰》。这些文章,没有什么惊人之语,但为后世读者提供了无数鲜活的场景及生活细节,值得珍视。

四、笔落如何"惊风雨"

与上述十文出自年轻学生或助教之手不同,下面这十篇文章的作者,乃赫赫有名的大学校长或教授。十文体式多样(日记、书信、文书、碑铭、随笔、著作),来源不一,但有一点,都是抗战中所撰。至于排列顺序,不按主题,而依时间,目的是凸显战时中国大学的"起承转合"。

读完以下十文——西南联大外文系教授吴宓的《吴宓日记》(1937)、西南联大中文系教授闻一多的《致高孝

---

[1] 参见齐邦媛《乐山·文庙·英诗》、蒋宗祺《乐山忆旧》,龙泉明、徐正榜编《老武大的故事》,第99—103页、第199—208页,南京:江苏文艺出版社,1998年;王禹生《嘉乐弦歌忆旧》、邓春阳《忆乐山茶馆生活》,龙泉明、徐正榜《走近武大》,第133—142页、第143—149页,成都:四川人民出版社,2000年。另外,齐邦媛长篇自传《巨流河》(台北:天下远见出版公司,2009年;北京:三联书店,2011年)第四章"三江汇流处——大学生涯",讲的便是其乐山的大学生活。

贞》(1938),武汉大学中文系教授叶圣陶的《乐山被炸日记》(1939),中山大学代校长许崇清的《告别澂江民众书》(1940),武汉大学校长王星拱的《抗战以来的武汉大学》(1941),中央大学校长罗家伦的《炸弹下长大的中央大学》(1941),西南联大中文系教授浦江清的《西行日记》(1942),西南联大常委、原北京大学校长蒋梦麟的《西潮·大学逃难》(1943),浙江大学校长竺可桢的《国立浙江大学黔省校舍记》(1945),西南联大文学院院长冯友兰的《国立西南联合大学纪念碑碑文》(1946)——浮上心头的,很可能是杜甫的诗句:"笔落惊风雨,诗成泣鬼神。"相对于日后苦心经营的回忆录、自传、散文、小说、诗歌、戏剧等,这些战火纷飞中匆匆写下的文字,更能显示当事人的心情,其描写也更为传神。故以下的介绍,兼及时与事、情与景、文与人。

清华大学外文系教授吴宓(1894—1978)抗战时随大学迁徙长沙、蒙自、昆明等地,其经历、思索与感受,在《吴宓诗集》与《吴宓日记》中留下很深的印记。作为浪漫派诗人及学者,吴宓写日记时"百无禁忌",故可信度很高。比如,"七七事变"后,北京城里人心惶惶,吴宓1937年7月14日的日记写道:

阅报，知战局危迫，大祸将临。今后或则（一）华北沦亡，身为奴辱。或则（二）战争破坏，玉石俱焚。要之，求如前此安乐静适丰舒高贵之生活，必不可得。我一生之盛时佳期，今已全毕。此期亦不可谓不长久，然初未得所享受，婚姻恋爱，事事违心，寂寞愤郁，痛苦已极。回计一生，宁非辜负？今后或自杀，或为僧，或抗节，或就义，无论若何种结果，终留无穷之悔恨。……故当今国家大变，我亦软弱无力，不克振奋，不能为文天祥、顾亭林，且亦无力为吴梅村。盖才性志气已全澌灭矣！此为我最伤心而不可救药之事。如此卑劣，生世亦何益？思及此，但有自杀。别无他途……[1]

接下来的若干天，吴宓除关心战局，一直在阅读《顾亭林诗集》。不断以顾亭林诗文及气节激励自己，但又在现实困境面前犹豫不决。经过将近四个月的徘徊，吴宓最终下定决心，南下长沙共赴国难——这半年的吴宓日记，记下了整个过程。"对于'十载闲吟住故都'的北大、清华教授来说，离开优雅安逸的北平，可不是一件容易的事。

---

[1] 《吴宓日记》第六卷，第168页，北京：三联书店，1998年。

吴宓的挣扎很真实,也很有代表性,所谓'凄寒迷雾上征途',属于那个时代大部分响应国民政府号召而毅然南下的读书人。"[1]

北大五十周年校庆时,中文系教授杨振声曾撰写《北大在长沙》,提及"最值得大书特书的,是自长沙徒步至昆明的旅行团了"[2]。参加湘黔滇旅行团并走完全程的,包括闻一多(1899—1946)等三位教授。闻先生本人对此非常得意,1938年4月30日在昆明给妻子高孝贞写信,讲述整个行程:

> 我们自从二月二十日从长沙出发,四月二十八日到昆明,总共在途中六十八天,除沿途休息及因天气阻滞外,实际步行了四十多天。全团师生及伙夫共三百余人,中途因病或职务关系退出团体,先行搭车到昆明者四十余人,我不在其中。教授五人中有二人中途退出,黄子坚因职务关系先到昆明,途中并时时坐车,袁希渊则因走不动,也坐了许多次的车,始终

---

[1] 参见陈平原《岂止诗句记飘蓬——抗战中西南联大教授的旧体诗作》,《北京大学学报》2014年第6期。
[2] 杨振声:《北大在长沙》,《国立北京大学五十周年一览》,北京大学出版部,1948年。

步行者只李继侗、曾昭抡和我三人而已。……一天走六十里路不算么事,若过了六十里,有时八、九十里,有时甚至多到一百里,那就不免叫苦了,但是也居然走到了。至于沿途所看到的风景之美丽、奇险,各种的花木鸟兽,各种样式的房屋器具,和各种装束的人,真是叫我从何说起!途中做日记的人甚多,我却一个字还没有写。十几年没画图画,这回却又打动了兴趣,画了五十几张写生画。打算将来做一篇序,叙述全程的印象,一起印出来作一纪念。画集印出后,我一定先给你们寄回几本。还有一件东西,不久你就会见到,那就是我旅行时的相片。你将来不要笑,因为我已经长了一副极漂亮的胡须。这次临大搬到昆明,搬出好几个胡子,但大家都说只我与冯芝生的最美。[1]

此前的3月12日,闻一多给父母写信,谈及"至投宿经验,尤为别致,六日来惟今日至沅陵有旅馆可住,前五日皆在农舍地上铺稻草过宿,往往与鸡鸭犬豕同堂而卧"[2]。若不了解背景,单看文字,会以为是太平年代轻松有趣的远足,

---

[1] 闻一多:《致高孝贞》,《闻一多全集》第十二卷,第326—327页,武汉:湖北人民出版社,1993年。
[2] 闻一多:《致父母亲》,《闻一多全集》第十二卷,第322页。

而想象不到那可是生死抉择。

抗战时期,不少文化人临时加盟大学,这里就包括了著名作家叶圣陶(1894—1988)和丰子恺(1898—1975)。二人都曾以日记形式,记录下逃难的艰辛以及大学被炸的惨状。加盟浙江大学的丰子恺有《黔桂流亡日记》,其中包括传播甚广的《宜山遇炸记》[1]——该文虽很精彩,可惜系战后整理发表[2];而加盟武汉大学的叶圣陶的《乐山被炸日记》[3],质朴无文,更接近原始状态,因此本文选用后者。1939年8月19日,日机36架轰炸乐山时,叶圣陶正在成都讲课,第二天傍晚才赶回家,在日记中详细描写了乐山被炸后惨不忍睹的景象:

  昨日之轰炸,下弹时间不过一分钟,而热闹市区

---

[1] 《宜山遇炸记》,初刊《论语》第118期,1946年12月;见《丰子恺文集》文学卷一,第710—717页,杭州:浙江文艺出版社、浙江教育出版社,1992年。

[2] 关于此文与《宜山遇炸——〈黔桂流亡日记〉之一》的关系,参见眉睫《丰子恺的〈黔桂流亡日记〉》,《博览群书》2013年第4期。

[3] 叶圣陶加盟武汉大学的原因及经过,参阅商金林《叶圣陶在武汉大学》,见龙泉明、徐正榜编《老武大的故事》,第67—74页。至于收入山西教育出版社1997年版《叶圣陶日记》的《乐山被炸日记》(1939年8月1日—28日日记),选自叶记录抗战时期四川生活的《西行日记》,题目乃编者代拟。

全毁。死伤者殆在千数以外。小墨曾见四个焦枯之尸体相抱于路中。较场壩一带,烧死者甚多。右邻一家仅余一儿,此儿与三官为同学,路遇三官,言父母兄弟俱烧死矣。军警于救火救人均束手无策。武大同学与艺专同学皆立时出动,拆房子,抬伤人,奋不顾身。余闻传述如是,觉青年有此行动实前途之福,不禁泣下。武大仅第二宿舍中一弹,他处均无恙。死同学六人(文健在内,此人上余之课,为一优秀学生,闻之又不禁下泪),校工二人。同事全家被毁者二十余家,杨端六、刘南陔两家在内。余不胜记。[1]

以上引录的,只是当天日记的八分之一;其中小墨乃叶圣陶长子,三官则是小儿。这则日记四天后抄寄上海,"俾上海诸亲友知我家逃出之详情"[2]。一个多月后,叶圣陶吟《乐山寓庐被炸移居城外野屋》四首,其中"焦骸相抱持,火墙欲倾侧;酒浆和血流,街树烧犹植",正可与日记相对照;半年后撰散文《乐山被炸》,更是将此故事详细讲

---

[1] 乐齐编:《叶圣陶日记》,第80页,太原:山西教育出版社,1997年。
[2] 参见叶圣陶《我与四川》,第142页,成都:四川人民出版社,1984年。

给中学生听[1]。关于这场大轰炸，近年学界有更精确的表述[2]，但叶圣陶日记及诗文中的细节描写，依然值得关注。

曾三次出任中山大学代理校长、校长（1931—1932，1940—1941，1951—1969）的许崇清（1888—1969），抗战中完成的最为艰难的使命，即将中大从云南澂江迁回广东乐昌县坪石镇。临行之前，许校长发表《告别澂江民众书》，除了说明奉命迁粤，"骊歌忽唱，征马又将在途"，再就是感谢云南人民对于抗战建国的贡献。下面这段话，可真是情真意切：

> 回忆年余以前，本校员生，初客他乡，生活习惯，不无互异，幸赖各民众之热诚推爱，庇荫有加，使千里游子，于故乡沦陷之后，仓皇迁徙之秋，不致托足无方，尚能安居研读，幸何为之，只以时日短促，同人等课务繁重，攻读之余，未能对于地方文化、社会

---

[1] 参见商金林编《叶圣陶抗战时期文集》第一卷第169—170页、第182—184页，北京：人民教育出版社，2005年。

[2] 参见谢世廉主编《川渝大轰炸》（西安：西南交通大学出版社，2005年）以及乐山市人防办编著《乐山大轰炸》（内部资料，2005年）。张在军著《苦难与辉煌——抗战时期的武汉大学（1937—1946）》第七章"嘉州城郭半成灰"有更全面的描述，见第231—256页，台北：秀威资讯科技公司，2012年。

建设，多所贡献，深滋愧赧。[1]

主旨是感激与道谢，可也不忘自我表扬——文章接下来便是中大为澂江人民做的好事，哪些已经完成了，哪些"惜以时间及经济关系，未克次第举办"[2]。如此告别辞，有礼有节，不卑不亢。

原北京大学教授、后任武汉大学校长12年的王星拱（1888—1949），抗战期间率校西迁四川乐山，艰苦办学，为武大的发展作出了卓越贡献。1941年王星拱为《教育杂志》撰文，讲述武汉大学1938年迁往四川乐山的整个过程——3月初分批出发，7月间最后一批留守人员撤离珞珈山。接下来是：

> 搬家，一向是人们认为最苦的事。何况搬一所二千多人的大学，在"蜀道难行"的场合下，经过几千里行程，所遭遇的困难，自不消说。然而我们为抗战建国储备专材的热情所鼓励着，终于克服了一切困

---

[1] 许崇清：《告别澂江民众书》，初刊《骊歌》，1940年8月13日；见吴定宇编《走近中大》，第73页，成都：四川人民出版社，2000年。

[2] 许崇清：《告别澂江民众书》，初刊《骊歌》，1940年8月13日；见吴定宇编《走近中大》，第73页。

难,安全到达,完成迁校这一个任务。[1]

其实,长江边的武汉大学,西迁有水运之利,且一步到位,相对来说还是比较轻松的。文中称:"我们深切了解一个被侵略国家抗战时期的艰苦情形,和抱有未来打退日人后幸福的希冀,吃苦精神特别大。"[2] 这不禁让人联想起全面抗战爆发不久,1937年9月21日,王星拱校长在武汉大学开学典礼上的演讲:"在过去5年中,我们把眼泪咽下去,往肚皮里流;今年我们的眼泪,是往外流了!不但流泪,而且流血!敌人的压迫,我们是不能再忍受下去了!我们要出气!……我们又须牢记着:我们要准备吃苦头。"[3]

五四时期北大学生领袖罗家伦(1897—1969),欧美留学归来,先后出任清华大学、中央大学校长,其平生最大功绩,莫过于执掌中央大学的十年(1932—1941)。罗家伦《炸弹下长大的中央大学——从迁校到发展》,初刊1941年的《教育杂志》,后收入《逝者如斯集》(台北:

---

[1] 王星拱:《抗战以来的武汉大学》,《教育杂志》第三十一卷第一号,第6页。
[2] 王星拱:《抗战以来的武汉大学》,《教育杂志》第三十一卷第一号,第7页。
[3] 王星拱:《抗战时期应采取的态度与趋赴的方向》,初刊《国立武汉大学周刊》第287期,见徐正榜等编《名人名师武汉大学演讲录》,第179页,武汉大学出版社,2003年。

传记文学出版社，1967年）。此文洋洋洒洒，夹叙夹议，乃用心经营之作，与同期其他文章相比，无论文采还是境界，明显高出一截。文章讲述中大西迁的经过，以及到重庆后如何扩展为四个校区，课程的安排，奖贷金的设立，还有面对轰炸，"在夏天的烈日之下，我照常的和同仁在'室徒一壁'的房子里面办公"，但最精彩的还属以下文字：

> 我们这次搬家，或者可以算是较有计划有组织的几千个人，几千大箱东西浩浩荡荡的西上，于不知不觉之中，竟做了国府为主持长期抗战而奠定陪都的前驱。这次搬来的东西，有极笨重的，有很精微的；还有拆卸的飞机三架（航空工程数【教】学之用），泡制好的死尸二十四具（医学院解剖之用），两翼四足之流亦复不少。若是不说到牧场牲畜的迁移，似乎觉得这个西迁的故事不甚完备。中大牧场中有许多国内外很好的牲畜种类，应当保留。我们最初和民生公司商量，改造了轮船的一层，将好的品种，每样选一对，成了基督教旧约中的罗哀宝筏（Noah's Arc），随着别的东西西上。这真是实现唐人"鸡犬图书共一船"的诗句了。可是还有余下来在南京的呢？我以为管不得了。所以我临离开的时候，告诉一位留下管理牧场的同人说，

万一敌人迫近首都,这些余下的牲畜,你可迁则迁,不可迁则放弃了,我们也不能怪你。可是他决不放弃。敌人是十一月十三日攻陷首都的,他于九日见军事情形不佳,就把这些牲畜用木船过江。由浦口、浦镇,过安徽,经河南边境,转入湖北,到宜昌再用水运。这一段游牧的生活,经过了大约一年的时间。这些美国牛、荷兰牛、澳洲羊、英国猪、美国猪,和用笼子骑在它们背上的美国鸡、北京鸭,可怜也受日寇的压迫,和沙漠中的骆驼队一样,踏上了它们几千里长征的路线,每天只能走十几里,而且走一两天要歇三五天。居然于第二年的十一月中到了重庆。我于一天傍晚的时候,由校进城,在路上遇见牠们到了,仿佛如乱后骨肉重逢一样,真是有悲喜交集的情绪。领导这个牲畜长征的,是一位管牧场的王酉亭先生![1]

这个故事实在太精彩了,以至日后被广泛传诵[2]。别人讲这个故事,总不如罗家伦精彩,故此文值得大段引述。我

---

[1] 罗家伦:《炸弹下长大的中央大学——从迁校到发展》,《教育杂志》第三十一卷第七号,第61页。
[2] 参见陈立夫《战时教育行政回顾》第17页、王德滋主编《南京大学百年史》第194页。

甚至认为，缺了这些牛呀羊呀鸡呀鸭呀，抗战中中国大学内迁的故事便显得"不甚完备"。

西南联大中文系教授浦江清（1904—1957）1940年送母回乡，滞留上海，应郑振铎之邀到暨南大学任教。不久，太平洋战争爆发，暨大关闭，浦应西南联大的召唤，穿越封锁线，重返昆明，其间历尽艰险，有《西行日记》传世。这里仅录1942年6月3日日记，以见一斑：

> 午后四时许，要越过警戒线。吴君先上岸，徐行去设法，而藏船于芦苇中（余等之船乃一捉鱼船）。久待吴君不至而有一人来，穿蓑衣笠帽立岸上，谓余舟人曰：可前。遂前。至桥下，桥下有木桩三，加铁丝其上。舟人遂前拔一桩，桥上望风者有四五人之多，船疾摇而过，舟人又回舟将桩放好，以石敲下之。此时间不容发，倘为日哨兵窥见，我侪皆无死所矣。空气甚紧张，祝君尤惊怖。既通过此桥下，复前有八里路，皆须疾摇而过，因恐日哨兵望见也。日哨兵有站，左右两站，距此桥皆有三四里，此桥在两站之间，遂为偷渡之所。其后闻人言，日哨兵在四时后即归站，不复巡逻，大雨更不出，故余等实安全。惟吴君邀功，

决不以此中奥秘公开言之,故造成极紧张之空气。[1]

这一天的行程特别危险,故日记长达两千言,场面极为紧张,文章波澜起伏,煞是好看。而十一月二十一日日记则称:"自五月二十九日离沪,今日抵昆,在途凡一百七十七日,所历艰难有非始料所及者。"[2]

长期出任北京大学校长(1930—1945)的蒋梦麟(1886—1964),对于北大现代学术品格之建立,起关键性作用。"历任北大校长中,名气最大的当属蔡元培。对于老北大基本品格的奠定,蔡氏确实起了不可替代的作用。可在历史学家笔下,蔡氏的意义被无限夸大,以至无意中压抑了其它同样功不可没的校长。最明显的例子,莫过于蔡氏的早年学生蒋梦麟。"[3] 抗战期间,蒋梦麟作为西南联大三常委之一,长期驻留重庆,引来不少争议,不过,汤

---

[1] 浦江清:《清华园日记·西行日记》,第102页。
[2] 浦江清:《清华园日记·西行日记》,第198页。
[3] 陈平原:《教育名家》,《老北大的故事》,第200页,南京:江苏人民出版社,1998年。

用彤的辩解相当有力[1]。与罗家伦《炸弹下长大的中央大学》文后署"于重庆警报声中"相映成趣，蒋梦麟的《西潮》初稿是在防空洞中写成的[2]。蒋著《西潮》第三十章《大学逃难》，谈"中日战争爆发以来，原来集中在沿海省份的大学纷纷迁往内地"，涉及校舍如何简陋、轰炸怎样危险，最为高屋建瓴的，是以下这段文字：

> 学术机构从沿海迁到内地，对中国内地的未来发展有很大的影响，大群知识分子来到内地各城市以后，对内地人民的观念思想自然发生潜移默化的作用。在另一面，一向生活在沿海的教员和学生，对国家的了解原来只限于居住的地域，现在也有机会亲自接触内地的实际情况，使他们对幅员辽阔的整个国家的情形有了较真切的了解。……大学迁移内地，加上公私

---

[1] 三校合作，特别忌讳政出多门，下面的人将无所适从。张伯苓年高留重庆，蒋梦麟也常住重庆，目的是为梅贻琦执掌西南联大腾出空间。1945年9月6日汤用彤致信胡适，其中引自己给蒋梦麟的信："在抗战八年中，三校合作，使联大进展无碍，保持国家高等教育之命脉。此中具见先生处事之苦心，有识者均当相谅。"见《胡适来往书信选》下册，第33页，北京：中华书局，1980年。

[2] 此书原稿为英文，据说是因防空洞里既无桌椅，又无灯光，用英文写作，"可以闭起眼睛不加思索的画下去"。参见刘绍唐《〈西潮〉与〈新潮〉》，《传记文学》11卷2期，1967年8月。

营工业和熟练工人、工程师、专家和经理人员的内移，的确有划时代的意义。在战后的一段时期里，西方影响一向无法达到的内地省份，经过这一次**民族的大迁徙**，未来开发的机会已远较以前为佳。[1]

回过头看，相对于上世纪60年代的"三线建设"，以及2000年开始的"西部大开发"，抗战期间的"大迁移"，对中华民族的可持续发展，具有十分深远的战略意义。

1936年至1949年间出任浙江大学校长的竺可桢（1890—1974），抗战期间带领浙江大学西迁，渡过重重难关，获得国内外学界的一致赞扬，充分展示了其坚强意志及领导才能。1945年6月，抗战胜利前夕，竺立《国立浙江大学黔省校舍记》碑于遵义，其中有云：

> 民国二十九年春始抵贵州之遵义，而别置一年级生于青岩。既而以理、农二院处湄潭，文、工二院处遵义，师范学院则分布两县间。湄潭有镇曰永兴，一年级生复徙居之。……其讲堂、寝室、集会、办公、操练、庖湢之所，取诸廛宇寺观与假诸第宅之羡者

---

[1] 蒋梦麟：《西潮》，第234—235页，香港：世界书局1971年。

十八九。故其材不庀而具，其功不劳而集，其新筑者取苟完而已。凡为屋之数，千有余间。[1]

之所以特别提及校舍，因此乃所有西迁大学碰到的共同难题。文章结尾是："军兴以来，初徙建德，再徙泰和，三徙宜山，而留贵州最久，不可以毋记也；故记之以谂后之人。"[2]

著名哲学家冯友兰（1895—1990），抗战期间勤奋著述，除了完成"贞元六书"，创立了新理学思想体系，更出任西南联大文学院院长，展示其教育行政才能。抗战结束，西南联大在昆明立纪念碑，此碑冯友兰撰文、闻一多篆额、罗庸书丹，时人誉为"三绝"。碑文称八年抗战，三校精诚合作，可纪念者有四：第一，我文明古国"八年之抗战已开其规模、立其基础"，而大学"与抗战相终始"；第二，"三校有不同之历史，各异之学风，八年之久，合作无间，同无妨异，异不害同"；第三，"联合大学以其兼容并包之精神，转移社会一时之风气，内树学术自由之规模，外获民主堡垒之称号"；第四最为要紧，值得全文引录：

---

[1] 竺可桢：《国立浙江大学黔省校舍记》，见李曙白等编著《西迁浙大》，第229页。
[2] 同上书，第230页

> 稽之往史，我民族若不能立足于中原、偏安江表，称曰南渡。南渡之人，未有能北返者：晋人南渡，其例一也；宋人南渡，其例二也；明人南渡，其例三也。"风景不殊"，晋人之深悲；"还我河山"，宋人之虚愿。吾人为第四次之南渡，乃能于不十年间，收恢复之全功，庾信不哀江南，杜甫喜收蓟北，此其可纪念者四也。[1]

这里用了《世说新语》《宋史》、庾信《哀江南赋》、杜甫《闻官军收河南河北》等典故，好在并不生僻，一般读书人都懂。至于大后方普遍存在的"南渡情结"，不妨借用陈寅恪的《读哀江南赋》："古今读《哀江南》赋者众矣，莫不为其所感，而所感之情，则有浅深之异焉。其所感较深者，其所通解亦必较多。兰成作赋，用古典以述今事。古事今情，虽不同物，若于异中求同，同中见异，融会异同，混合古今，别造一同异俱冥、今古合流之幻觉，斯实文章之绝诣，而作者之能事也。"[2] 此文撰于1939年，同年，陈

---

[1] 冯友兰：《国立西南联合大学纪念碑碑文》，《三松堂全集》第十四卷，第154页，郑州：河南人民出版社，2000年。
[2] 陈寅恪：《读哀江南赋》，《金明馆丛稿初编》，第209页，上海古籍出版社，1980年。

寅恪在西南联大讲授"两晋南北朝史"。而此前一年，陈先生有"南渡自应思往事，北归端恐待来生"的诗句[1]，更可见心境之悲凉。也正因此，抗战胜利，无数中国读书人扬眉吐气，倍感欣慰，冯友兰的碑文写出了这种情怀，立意甚高，足以传世。

五、"奇迹"该怎样讲述

抗战中中国大学大批内迁，其意义怎么估计也不过分——保存学术实力，赓续文化命脉，培养急需人才，开拓内陆空间，更重要的是，表达了一种民族精神以及抗战必胜的坚强信念。具体说来，战时中国大学的内迁有如下特点：第一，不是个人逃难，而是集体行动，且一路上弦歌不辍；第二，教学上，不是应急，而是长远打算，所谓"战时如平时"，更多着眼于战后的建国大业，保证了战时培养的大学生的质量[2]；第三，学术上，不是仓促行文，而

---

[1] 陈寅恪：《蒙自南湖》，《陈寅恪集·诗集》，第24页，北京：三联书店，2001年。

[2] "在战时培育成就的大学毕业生（大部分是由战时中学毕业升入大学而毕业的）先后数百人应英美留学考试出国，在国外均能直接入研究院研究，而研究成绩均不在英美学生之下。"见陈立夫《战时教育行政回顾》，第65页。

是沉潜把玩，出有思想的学问，有情怀的大学者——这一点人文学尤其明显；第四，因大学西迁而见识中国的辽阔与贫困，于流徙中读书，人生忧患与书本知识合一，精神境界得以提升；第五，除了具体的学术成果，大学内迁为西南西北播下良好的学术种子，此举对于中国教育平衡发展意义重大。

第二次世界大战中，其他国家的大学也都面临种种危机，但英国的大学虽被轰炸，未被占领；法国全境被占领，大学因而无处可迁；唯有苏联，在卫国战争中同样存在大学内迁的现象，只是其内迁时间不长，没能像中国大学那样，不但未被战火摧毁，还在发展壮大的同时，催生出众多美好的"故事"与"传说"[1]。借用西南联大中文系教授王力的诗句："此是光辉史一页，应叫青史有专篇。"[2] 如何讲好"卢沟变后始南迁"的故事，对于西南联大以及所有抗战中内迁的学校来说，都是义不容辞的责任。因为，那样扣人心弦的故事，古代中国没有，同时期的欧美名校也没有，哈佛、耶鲁没有，牛津、剑桥也没有。1944年，

---

[1] 参见陈平原《永远的"弦诵"——关于西南联大的历史、追忆及阐释》，（台湾）《政大中文学报》第16期，2011年12月。
[2] 参见王力《缅怀西南联合大学》，西南联合大学北京校友会编《弦诵在春城——回忆西南联大》卷首插页。

英国科学史家、剑桥大学教授李约瑟（Joseph Needham，1900—1995）考察战时的中国大学，说了许多好话，如称浙江大学是"东方的剑桥"。时任浙大教授、后为复旦大学校长的苏步青，1992年以90高龄回浙江大学演讲，重述李约瑟的话，然后慷慨陈辞："我还抱着这样一个希望，终有一天，我们浙江大学能不能有一个教授，像李约瑟博士那样，去英国剑桥大学参观访问，称赞剑桥大学为'西方的浙大'呢？"[1] 如果在剑桥介绍浙大或其他中国著名大学，不妨就从这抗战中"内迁的历史、传说与精神"说起——包括战争初期的迁徙过程、炸弹阴影下的大学生活、相持阶段的"读书不忘救国"，以及抗战胜利后的"青春作伴好还乡"。

至于如何讲述这段历史，牵涉学术立场与文章笔墨。目前的大学史写作，面临以下几个陷阱。第一，政治史与教育史的纠葛。谈论现代中国大学史，不可避免牵涉国共两党纷争。相对来说，抗战时期的大学校园，虽生活十分艰苦，但枪口一致对外，还是比较容易描述的。唯独在讲述抗战后期的青年从军热，即怎样看待国民政府"一寸山河一寸血，十万青年十万军"的号召，出现若干杂音。第二，

---

[1] 参见李曙白等编著《西迁浙大》，第41页。

民族大义及教育实践的冲突。如何看待满洲国的教育[1]，以及沦陷区的伪北京大学、伪中央大学，始终是个棘手的难题。《北京大学校史》（增订本）采取回避的态度，只有区区300字；相对来说，《南京大学百年史》和《东南大学史》处理得比较好，对其院系设置以及教学科研有专节的介绍[2]。第三，学术与救国的关系。二者之间，并非黑白分明，或非此即彼，但抑扬之间，还是包含着价值判断。比如谈论上海交大的历史，九龙坡的交大与法租界的交大，何者为重？第四，怎样讲述内迁大学与当地民众的关系。蒋梦麟说得没错，大学及政府机构的内迁，使得原本比较贫穷的大后方物价飞涨，给当地民众的日常生活带来很大

---

[1] 1941年7月刊行的《教育杂志》第三十一卷第七号乃"抗战四周年纪念号"，除了介绍四川、广东、江西、贵州、湖北、西康等省教育情况，还有江应澄的《东北之伪教育》（第66—72页），态度持平，且提供了很多有用的资料。

[2] 参见萧超然等《北京大学校史》（增订本），第337—338页，北京大学出版社，1988年；王德滋主编《南京大学百年史》，第242—254页；朱斐《东南大学史》第一卷，第207—216页，南京：东南大学出版社，2012年。

不便[1]。也正因此，厦门大学校长萨本栋才会谆谆告诫学生："到了一个新地方，要先了解当地的风土人情，再谋改革方法，不要自视太高，目空一切"；"移入乡村，不当常说'这地真糟，什么东西都没有'；应时时想'此处尚好，还有不少人物'"[2]。讲述抗战时期大学内迁的故事，一定要顾及当地民众的立场与感受。

至于文章笔墨，并非无关紧要。大学史乃广义的历史学，但与政治史、经济史、军事史有所不同。因谈论的对象是擅长舞文弄墨的读书人，加上战火纷飞中档案的相对缺失，引入"文章"，容易实现史学与文学的对话与互补。大框架不能动，小故事则多多益善，尤其是精彩的细节，确实很见精神。无论是罗家伦谈中央大学，还是冯友兰称誉西南联大，除了史料意义，还可作为"美文"欣赏。至于当年的书信、日记、文告、通讯，以及一般报章文字，

---

[1] 蒋梦麟《西潮》第三十一章《战时之昆明》称："昆明人对于从沿海省份涌到的千万难民感到相当头痛。许多人带了大笔钱来，而且挥霍无度，本地人都说物价就是这批人抬高的。昆明城内到处是从沿海来的摩登小姐和衣饰入时的仕女。入夜以后她们在昆明街头与本地人一起熙来攘往，相互摩肩接踵而过。房租迅速上涨，旅馆到处客满，新建筑像雨后春笋一样出现。被飞机炸毁的旧房子，迅速修复，但是新建的房子究竟还是赶不上人口增加的速度。"（第238页）

[2] 萨本栋：《萨校长勖勉同学词》，初刊《唯力》旬刊第三期，1938年4月3日；见《厦大校史资料》第二辑，第47页，厦门大学出版社，1988年。

对于今人之触摸历史，回到现场，同样具有不可或缺的作用。本文之所以摒弃诗歌与小说，而在广义的"文章"上做文章，是希望跨越虚构与写实的鸿沟，让日渐遥远的"老大学的故事"重新焕发光彩。

《教育杂志》抗战四周年纪念号

《战时全国各大学鸟瞰》书影

重庆沙坪坝中央大学校园

重庆松林坡中央大学校园

重庆时期中央大学校舍

浙江大学师生从建德乘船再次西迁（1937年12月）

浙江大学广西宜山标营校舍（1939年）

浙江大学西迁贵州遵义（1940年）

贵州湄潭大成殿浙江大学图书馆

浙江大学复员专车出发前

中山大学西迁途中,地质系学生在测绘(《中山大学之迁徙》,《今日中国》第一卷第六期,1939年)

中山大学西迁云南,借用庙宇复课(《中山大学之迁徙》,《今日中国》第一卷第六期,1939年)

中山大学战地服务团,立于车门前者为团长、中大校长邹鲁夫人梁定慧女士(《东方画刊》第二卷第七期,1939年)

"非常的时代,需要非常的教育。"——中山大学战地工作队在东江上课(《东方画刊》第二卷第七期,1939年)

乐山时期武汉大学校门

乐山时期武汉大学理学院（李公祠）

乐山时期武汉大学图书馆(文庙大成殿)

乐山时期武汉大学文学院（崇文阁）

李庄时期同济大学工学院大门

1942年5月,同济大学校庆35周年大会在李庄禹王宫召开

1942年5月，在李庄举行同济大学35周年校庆，图为校运会颁奖

1942年同济大学土木系毕业生与教师在李庄东岳庙工学院门前合影

厦门大学 17 周年（1938 年）校庆留影

厦大校长萨本栋视察被日机炸毁的校舍

长汀文庙——厦大大礼堂

长汀厦大邮局、信箱和医院

1939年潭头河南大学校总部旧址

1943年潭头河南大学部分师生合影

1943年夏国立河大文史系16届毕业留影

俯瞰交通大学重庆九龙坡校园

交通大学重庆校区教学楼

走在交通大学重庆校区大道上的交大学生

交通大学重庆校区校园边上的嘉陵江

国立西北联合大学师生穿越秦岭

陕西城固国立西北联合大学学生宿舍

城固尊经阁——国立西北师院图书馆

迁往兰州的国立西北师范学院总办公厅

永远的"笳吹弦诵"
——关于西南联大的历史、追忆及阐释

七七事变爆发,平津很快陷落。1937年8月,奉部令,国立北京大学、国立清华大学和私立南开大学在长沙组成国立长沙临时大学;1938年2月西迁入滇,4月抵昆明后,更名国立西南联合大学;抗战胜利,1946年7月31日联大结束,三校各自返回平津。据西南联合大学北京校友会编《国立西南联合大学校史》称:"9年之中,先后在联大执教的教授290余人,副教授48人。前后在校学生约8000人,毕业生有3800人。"[1] 日后,这些教授与学生中英才辈出,这所大学因而永垂不朽。

---

[1] 西南联合大学北京校友会编:《国立西南联合大学校史》,第2页,北京大学出版社,1996年。

借助于报纸公告、电台广播、私人通信等，获得信息的三校学生纷纷历尽艰险，赶往长沙报到。1937年11月1日，学校正式上课。上午九点，响起了空袭警报，师生并未逃避,校史上加了个括号"实在也无处可躲"[1]。作者的本意是，当时尚未来得及挖防空洞；我则理解为，已经没有退路了，故师生们置生死于度外，大义凛然地走进教室。此举颇具象征意义，就在这连天炮火中，大幕徐徐拉开——"万里长征，辞却了五朝宫阙，暂驻足衡山湘水，又成离别，绝徼移栽桢干质，九州遍洒黎元血。尽笳吹弦诵在春城，情弥切。"[2]

一、战火摧不垮中国大学

八年抗战，中国大学不仅没被战火摧毁，还发展壮大，这实在是个奇迹。据史家称，1937年，抗战爆发前夕，全国专科以上学校（含国立、省市立、私立）108所，教员7560人，职员4290人，学生41992人；1945年，抗战胜利时，专科以上学校（含国立、省市立、私立）141所，

---

[1] 参见西南联合大学北京校友会编《国立西南联合大学校史》，第21—22页。
[2] 西南联大北京校友会刊行纪念文集《笳吹弦诵在春城》(1986)、《笳吹弦诵情弥切》(1988)，都是借用此罗庸词、张清常曲《西南联合大学校歌》。

教员11183人,职员7257人,学生83498人[1]。具体到某著名大学,情况尤其明显。比如,浙江大学1936年有教授、副教授70人,在校生512人;到1946年复员返杭时,教授、副教授达到201人,在校生2171人[2]。中央大学1937年度有在校生1072人,教授、副教授133人,全校教师290人;到抗战结束前的1944年度,在校生3837人,全校教师590名,其中教授、副教授290名[3]。唯独声名最为显赫的西南联大,因系三校合一,发展规模受到很大限制。同样以1944年度为例,西南联大各类学生加起来,不过2058名,至于教职员382名,其中教授、副教授179名,数量上远不及中央大学[4]。也就是说,作为整体的西南联大,其办学规模约略等于中央大学的三分之二。考虑到中央大学和西南联大均为国立大学,其经费来

---

[1] 参见曲士培《中国大学教育发展史》,第522—523页、第530—531页,太原:山西教育出版社,1993年。
[2] 参见顾建民等《浙大西迁——抗战期间中国高校西迁的缩影》,载李曙白等编著《西迁浙大》,第238页,杭州:浙江大学出版社,2007年。
[3] 参见龚放等编著《南京大学》,第66—67页,长沙:湖南教育出版社,1995年。
[4] 参阅《国立西南联合大学历年在校学生人数统计表》《国立西南联合大学三十三年度教员名册》及《国立西南联合大学三十三年度教授、副教授名单》,见北京大学等编《国立西南联合大学史料》,第五册第3—4页,第四册第156—176页,326—328页,昆明:云南教育出版社,1998年。

源一样,单看这两组数字,便能明白国民政府的态度[1]。对于大学来说,规模不等于水平,更不等于贡献;但无论如何,中国的高等教育没有被战火摧毁,反而越战越强,这点很让人欣慰。

在大部分国土相继沦陷的状态下,为了保存"读书种子",也为日后建国大业储备人才,不甘附逆的中国大学,在国民政府的统筹下,纷纷内迁。最早关注这一重大现象并作出详细调查的,是1941年10月25日《解放日报》所刊《抗战后专科以上学校集中区域》:

> **成都(川西)区**(学生约6500人):武汉大学、四川大学、东北大学、中央大学医学院、中央技艺专校、西康技艺专校(以上国立)、金陵大学、金陵女院、朝阳学院、光华大学、齐鲁大学、华西大学(以上私立);**重庆(川东)区**(学生约7000人):中央大学、女子师范学院、药学专校(以上国立)、重庆

---

[1] 在《首都的迁徙与大学的命运——民国年间的北京大学与中央大学》(《文史知识》2002年5期)中,我曾提及:"西南联大在现代中国教育史上名声显赫,至今仍'笳吹弦诵情弥切',但很少有人追究这一光荣背后的阴影。不管国民政府是否有意,将北方三大名校合成一'名师荟萃'的西南联大,其实是矮化北大而拔高中大。"

大学、四川教育学院（以上省立）、复旦大学（筹改国立）、私立中华大学等；**昆明（云南）区**（学生约4500人）：西南联大、同济大学、云南大学、中正医学院、艺术专校、国术体育专校等（均国立）；**贵阳（贵州）区**（学生约4000人）：浙江大学、唐山工程学院、贵阳医学院（以上国立）、湘雅医学院、大夏大学（以上私立）等；**西北区**（学生约5000人）：西北大学、西北工学院、西北农学院、西北医学院、西北师范学院、西北技艺专校（以上国立）、山西大学（省立）等；**两广区**（学生约4000人）：中山大学、广西大学（以上国立）、江苏教育学院、广东文理学院（以上省立）、华中大学、国民大学、广州大学、勷勤学院（以上私立）等；**湘西区**（学生约1100人）：湖南大学、师范学院、商业专校（以上国立）、民国学院（私立）；**上海区**（学生约7400人，注：伪校不在内）：交通大学、暨南大学、上海医学院、上海商学院（以上国立）、沪江大学、光华大学（分校）、震旦大学、东吴大学、大同大学、上海法政、上海美专、南通学院等，以及抗战后新成立之太炎文学院、达仁学院、新中国大学等十余校（均私立）；**北平区**（学生约2500人，注：伪校不在内）：燕京大学、辅仁大学、中国大学、协和医学院、铁路专校（以上私立）、中法大学（中法合办）。其他地区（学生约 3000 人）：如分散在福建之国立厦门大学、私立协和学院、华南女子文理学院；浙江之国立英士大学、省立医专；江西之国立中正大学、苏皖政治学院；河南之省立河南大学等。

附注：一、各地区主要专科以上学校均已列入。有"等"字者即尚有少数未列入。

二、陕甘宁边区及敌后各抗日根据地不在内。[1]

这一统计，包含了迁入租界的若干国立及私立大学，但排除了日本人控制的"伪校"（如"伪北京大学""伪中央大学"）。1941年12月7日日军偷袭珍珠港，太平洋战争爆发，北平及上海等地又有不少高校停办（协和医学院、沪江大学）或内迁（燕京大学迁成都、交通大学迁重庆）。中国人民政治协商会议西南地区文史资料协作会议编《抗战时期内迁西南的高等院校》，其中收录《抗日战争时期内迁西南的高等院校情况一览表》，记载抗战期间迁往西

---

[1]《抗战后专科以上学校集中区域》，延安《解放日报》1941年10月25日第3版，原为表格，分作"区域""学校""学生数"三栏。

南的高校56所，未见上表的有36所。最近十几年，随着学界对于抗战中大学内迁的研究日益精细，这个数字还在不断增加。

抗战中，大批中国大学内迁，其意义怎么估计也不过分——保存学术实力，赓续文化命脉，培养急需人才，开拓内陆空间，更重要的是表达一种民族精神及抗战的坚强意志。而绝大多数大学的迁徙过程，并不是事先设计好的，而是迫于战火临近，不得不一再搬迁。像西南联大那样暂住长沙，而后迁往昆明，已经算是很幸运的了。创建于1907年的国立同济大学，校址原在上海吴淞镇北，抗战八年间，辗转内迁六次：一迁上海市区，二迁浙江金华，三迁江西赣州，四迁广西八步，五迁云南昆明，六迁四川李庄[1]。而国立浙江大学同样历尽艰辛——"经过四次大的搬迁，行程2600余公里，足迹遍及浙、赣、湘、桂、闽、粤、黔七省，于1940年1月到达黔北，在遵义、湄潭、永兴等地坚持办学，直至抗战胜利，于1946年5月返回杭州。"[2]

[1] 参见李法天、李奇谟《抗战期间同济大学内迁回忆片断》，《抗战时期内迁西南的高等院校》，第71—77页。
[2] 参见李曙白等《〈西迁浙大〉序》，载《西迁浙大》。另《国立浙江大学》（台北：国立浙江大学校友会编印，1985）第四辑"西迁纪实"，收文27篇，载，第385—545页。

在遵义、湄潭等地办学的浙大，据中国核武器研制的主要奠基人之一王淦昌回忆："虽然条件艰苦，生活清贫，但我们朝气蓬勃，精神愉快，学术风气很浓，有'东方剑桥'的雅称。同事之间，同学之间，师生之间团结友爱，亲密无间，平等相待。"[1] 正因此，浙大人对于贵州心存感激，南归之前，专门以校长竺可桢名义立碑纪念[2]。

当然，抗战中内迁大学之立碑纪念，最著名的，还属冯友兰撰文、闻一多篆额、罗庸书丹的《国立西南联合大学纪念碑》。具体谈论的是西南联大，但碑文所表达的情感，尤其是南渡而能北归的欢欣与赞叹，属于全体内迁高校的师生。

中国大学如此大规模内迁，且坚持到最后胜利，这确实是个奇迹。二战中其他国家的大学，也都面临各种危机，但唯一差可比拟的，是前苏联的诸多学校。康斯坦丁诺夫等编《苏联教育史》称："历史上前所未有的伟大卫国战争形势，不能不影响到国民教育和苏维埃学校活动。

---

[1] 参见王淦昌《难于忘怀的五年》，贵州省遵义地区地方志编纂委员会编《浙江大学在遵义》，第 155—156 页，杭州：浙江大学出版社，1990 年。
[2] 竺可桢：《国立浙江大学黔省校舍记》："军兴以来，初徙建德，再徙泰和，三徙宜山，而留贵州最久，不可以毋记也；故记之以谂后之人。"见《浙江大学在遵义》，第 797 页。

成千上万高年级学生、教师和大学生，满怀强烈的爱国主义激情，离校参加了民兵、红军和游击队。"[1] 为了保护儿童，政府将靠近前线的幼儿园和小学撤退到后方；至于学校课堂"讲授的内容具有更大的实用性"，"同生活建立了更密切的联系，并设立了战时防御题目的讲授"[2]。毫无疑问，高等院校与卫国战争的关系更为密切："为了抢救高等学校的物质、文化财富，高等学校的全体师生员工进行了奋不顾身的斗争，把147所高等院校的教学实验设备、图书馆、珍贵陈列品，撤退到国家的后方。"而斯大林格勒战役获胜后的第八天，一批苏联大学教授来到这个被彻底破坏的城市，重建医学院，第二年便恢复了正常的教学工作[3]。苏联卫国战争中，与西南联大的遭遇最为接近的，莫过于莫斯科大学。"就在1941年6月22日战争爆发的当天下午，（莫斯科大学）就有数百名教师、研究生和本科生以及职工投笔从戎，参加了保卫祖国的斗争。"不久，又有物理系教授、历史系教授等师生数百人上前线。整个

---

[1] 康斯坦丁诺夫等编、吴式颖等译：《苏联教育史》，第490页，北京：商务印书馆，1996年。
[2] 参见康斯坦丁诺夫等编、吴式颖等译《苏联教育史》，第490页、492页。
[3] 参见叶留金著、张天恩等译《苏联高等学校》，第52—54页，北京：教育科学出版社，1983年。

战争期间有三千多人参加苏联红军，许多人牺牲在战场。而留在学校里的专家，则"彻底修订了科研工作计划，把一些有关和平建设的课题取消了，而把具有国防意义的课题放在首位"[1]。具体的迁徙行程是：1941年10月开始，大部分师生迁到土库曼共和国首都阿什哈巴德，12月1日复课；1942年夏季，战局不利，又迁往斯维尔德洛夫斯克；随着苏军由战略防御转向战略进攻，1943年春，莫大胜利回迁莫斯科[2]。换句话说，莫斯科大学漂流在外的时间不到一年半。

英国的大学虽被轰炸，但未被占领；法国全境被占领，大学因而无处可迁；唯有前苏联，在卫国战争中同样存在大学内迁的现象，但因时间不长，没能像西南联大那样——不但未被战火摧毁，还在发展壮大的同时，催生出众多美好的"故事"与"传说"。

有一点值得注意，基于对长期抗战的预期、对学问的敬重，以及对中国国情的了解，国民政府并没像一战中的英美或二战中的苏联那样，征召大批的大学生（更不要说教授）入伍。在这个问题上，教育部及大学校长们有更为

---

[1] 参见卫道治编著《莫斯科大学》，第35—38页，长沙：湖南教育出版社，1995年。

[2] 参见卫道治编著《莫斯科大学》，第36—37页。

长远的考虑。面对各方激烈争议,教育部不为所动,认定:"抗战既属长期,各方面人才,直接间接均为战时所需要。我国大学,本不甚发达,每一万国民中,仅有大学生一人,与英美教育发达国家,相差甚远。为自力更生抗战建国之计,原有教育必得维持,否则后果,将更不堪。至就兵源而言,以我国人口之众,尚无立即征调此类大学生之必要。"[1] 浙大校长竺可桢,也在《大学生与抗战建国》中表达了类似的见解:"第一次大战时,英美各国都送大量的大学生上前线去是一个失策,到了战后才深深地感觉到";"国家为了爱护将来的领袖人物起见,不把大学生送往前线去冲锋杀敌,则他们应如何奋身图报,努力上进,能把将来建国的重任担当起来,方叫对得起战死沙场的勇士们,方不愧为今日之程婴。"[2] 当局表彰热血青年投笔从戎,但不做硬性规定,这也是抗战中教授及大学生牺牲较少的缘故。西南联大纪念碑的碑阴刻有"国立西南联合大学抗战以来从军学生题名",参军人数834人,牺牲5人。实

---

[1] 参见《第二次中国教育年鉴》第一编"总述",第二章"抗战时期教育",总第10页,上海:商务印书馆,1948年。

[2] 竺可桢:《大学生与抗战建国》,初刊《国立浙江大学校刊》复刊100期特大号及《星期评论》39期(1941年10月24日),见《竺可桢全集》第二卷,第551—552页,上海科技教育出版社,2004年。

际上，还有若干没来得及汇入此题名的[1]，但总的来说，并非绝大牺牲。

二、"光荣"不仅属于西南联大

抗日战争中，于颠簸流离中弦歌不辍的，不仅是西南联大。可后人谈论"大学精神"，或者抗战中的学术文化建设，都会以西南联大为例证。作为史家，我承认此例证很有说服力；但同时我更想强调，还有很多同样可歌可泣的"大学故事"。战火纷飞中，中国大学顽强地生存、抗争、发展，其中蕴涵着某种让后人肃然起敬的精神。

纪念抗战胜利六十周年，《南方日报》刊文为中山大学"抱屈"："前后7年，颠沛流离，几度迁徙，三易校址。先迁云南，复迁粤北，三迁粤东仁化、连县。抗战八年，不少中国人记住了西南联大，殊不知在广东的国立中山大学，师生们在国难面前也经历着民族个人的深重磨难，在流离中坚持学术理想，在动荡里坚持抗日救亡，在历史上

---

[1] 参见西南联合大学北京校友会编《国立西南联合大学校史》第一编第十节"三次从军热潮"（第75—82页）；闻黎明《抗日战争与中国知识分子》第七章第五节"青山处处埋忠骨"（第330—336页），北京：社会科学文献出版社，2009年。

留下一所名校沉重而充满精神的一笔。"[1]是的,"在流离中坚持学术理想,在动荡里坚持抗日救亡"的,不仅仅是中山大学,也不仅仅是西南联大。我要追问的是:为何联大的故事广为传播,且更深入人心,乃至成了"中国大学"理所当然的"代表"。

北大、清华、南开三校合一,学术实力超强,这当然是最为重要的原因。可除此之外,还牵涉一些别的问题,比如"故事"的传播与更生。就以"湘黔滇旅行团"为例,校歌里提到的"万里长征",由北京、天津而暂住长沙,这一段不稀奇;第二年转赴蒙自、昆明,三路人马中,湘黔滇旅行团独领风骚。约三百名师生组成的旅行团,3500里长途跋涉,历时68天的"小长征",无论当时还是日后,都一再被提及,且作为联大精神的象征。

正如胡适在纪念联大九周年集会上说的:"这段光荣的历史,不但联大值得纪念,在世界教育史上也值得纪念。"[2]可其他大学也有类似的举措,为何长期湮没无闻?

---

[1] 《八年抗战·〈思乡曲〉伴随中大流离岁月》,《南方日报》2005年8月15日。
[2] 《梅贻琦、黄子坚、胡适在联大校庆九周年纪念会上的讲话摘要》,原载北平《益世报》1946年11月2日,见西南联合大学北京校友会编《笳吹弦诵在春城——回忆西南联大》第514页,云南人民出版社/北京大学出版社,1986年。

1938年7月，同济大学第四次内迁到广西贺县八步镇："这次迁校，从赣州到桂林一段，大多数同学组织了赴桂步行队，每队十一二人，坚持每天走五六十里路，充分体现了同济大学同学吃苦耐劳、共渡时艰的奋斗精神。到桂林后，沿漓江乘木船经阳朔至平乐，转程至八步，前后花了两个月的时间。"[1] 1938年9月，浙江大学从江西泰和转往广西宜山，"学生方面，为锻炼体质，沿途采访计，另有步行团之组织，计分两队，共有陶光业……等二十人。以九月十九日出发，校长当赠以地图表格等件，以示鼓励。"这次"经行千里，费时四十余日"[2]。1939年初，中山大学辗转撤往云南澂江，据说有几百学生，"分别结队从连江西行，长途跋涉，徒步赴滇，历经粤、湘、桂、黔、滇5省，最后赶到澂江复课"[3]。1939年5月，河南大学师生员工"在王广庆校长的率领下，徒步北越伏牛山，经

---

[1] 李法天、李奇谟：《抗战期间同济大学内迁回忆片断》，《抗战时期内迁西南的高等院校》，第74页。
[2] 李絜非：《浙江大学西迁纪实》，《国立浙江大学》上册，第407页。
[3] 参见黄义祥编著《中山大学史稿（1924—1949）》，第320页，广州：中山大学出版社，1999年。另，当年澂江中学校长解德厚日后撰《抗战时期中山大学迁澂江始末》（见《抗战时期内迁西南的高等院校》，第83—86页），也只是大致勾勒中大师生奔赴澂江的几条路线，称其"千里跋涉，一路上忍饥挨饿，备受艰辛"，没有更多细节描写。

方城、叶县、宝丰、临汝、伊阳、伊川，行程六百余里，终于抵达嵩县县城"[1]。为何其他大学的"步行队"声名远不及湘黔滇旅行团？作为"事件"，中大校史的说法相当含糊[2]，同济则是半个世纪后的个人追忆，浙大有二十人名单，属于记录在案，可也就是这么两句话[3]，哪比得上西南联大校友的连篇累牍、声情并茂？

湘黔滇旅行团指定了丁则良等三人为日记参谋，全面记录旅行团活动，写成了约二十万字的日记，寄到香港交商务印书馆刊行，只是因太平洋战争爆发而不幸失落[4]。即便如此，也有诸多书写刊行，如外文系三年级学生林振述（林蒲）的《湘黔滇三千里徒步旅行日记》（1938年春发表于《大公报》副刊《小公园》）、中文系二年级学生

---

[1] 参见河南大学校史编写组《河南大学校史》，第84页，开封：河南大学出版社，2002年。1944年5月，日军奔袭潭头镇，河大遭遇巨大损失，师生被杀16名、失踪25名，逃离虎口者辗转攀援于崇山峻岭之间，历时月余，陆续到达淅川县荆紫关。第二年又被迫西迁，师生及眷属"经商南，越秦岭，过蓝田，步行800里，于4月中旬抵达西安"。同上书，第176—178页。

[2] 台湾中大校友会编印的《国立中山大学的回顾与展望》（1986年）中，陈兰皋、谢顺畅等文涉及中大在澄江，但没有赴滇旅途的真切描述。

[3] 李絜非撰《浙江大学西迁纪实》1939年在广西宜山刊印，半个世纪后收入浙大校友会编印的《国立浙江大学》上册，第385—421页。

[4] 参见张寄谦《中国教育史上的一次创举——西南联合大学湘黔滇旅行团记实》（北京大学出版社，1999）的《序》。

向长清的《横过湘黔滇的旅行》（1938年10月发表于巴金主编的《烽火》）、政治系二年级学生钱能欣的《西南三千五百里》（商务印书馆，1939年版），以及生物系助教吴征镒的《长征日记——由长沙到昆明》（《联大八年》，1946年版）[1]。上世纪80年代以后，有心人士积极整理资料，征集照片，引导校友追忆往事，加上中外学者的介入，湘黔滇旅行团的故事因而相当完整。读张寄谦编《中国教育史上的一次创举——西南联合大学湘黔滇旅行团记实》，你很容易明白，为什么同济大学的"赴桂步行队"等会失落在历史深处。

同样是长途跋涉，湘黔滇旅行团之所以格外引人注目，除了旅程长，还因为旅行团中有教授闻一多、李继桐、曾昭抡、袁复礼等。张寄谦在《中国教育史上的一次创举——西南联合大学湘黔滇旅行团记实》的序言中，除概述湘黔滇旅行团的组织及行程，还提及此旅行团如何"出人才"——截至此书刊行的1999年，旅行团成员中日后当选中国科学院院士的有屠守锷、唐敖庆等十一人，当选中

---

[1] 吴、林二作见西南联合大学北京校友会编《笳吹弦诵在春城——回忆西南联大》，第1—24页，后者附有原作者的《〈横过湘黔滇的旅行〉后记》；上述四作均收入张寄谦《中国教育史上的一次创举——西南联合大学湘黔滇旅行团记实》，见第122—196页、343—352页。

国工程院院士的有陈力为等三人；至于著名人文学者，除了序言列举的任继愈、马学良、王玉哲、刘兆吉、唐云寿等，作为后学，我还可以举出查良铮（穆旦）、季镇淮、何善周、丁则良、孙昌熙等。这也是此旅行团格外吸引人的地方——如此藏龙卧虎，确实了不起。

此次"小长征"，影响了这三百旅行团成员，也影响了这所大学的性格。确实如美国学者易社强）所说，经由一遍遍的言说与书写，"长征的现实夹杂着神话和传奇的色彩"[1]。"这次长征是一次艰苦卓绝的跋涉之旅，此后是八年患难，它成为中国知识分子群体才能的象征；因此，也成为中国高等教育和文化持续不辍的象征。"[2]

一个事件或人物，能否被后人追怀不已，除了自身的历史价值，还与有无动人的细节相关。中央大学濒临长江，内迁重庆最为顺畅，也最为便捷，本没什么好说的。可校长罗家伦很会讲故事，抓住一个细节，让你永志不忘。

---

[1] 张寄谦编《中国教育史上的一次创举——西南联合大学湘黔滇旅行团记实》（第 497—542 页）收录易社强著、何田译《从长沙到昆明：西南联大的长征是历史也是神话》。此文后经作者改写，成为《战争与革命中的西南联大》（*Lianda：A Chinese University in War and Revolution*）第一部分"爱国者的长途跋涉"之第二节"联大的长征"。

[2] 易社强著、饶佳荣译：《战争与革命中的西南联大》，第 64 页，台北：传记文学出版社，2010 年。

1937年10月底，中央大学大部已搬迁，罗家伦到南京三牌楼农学院实习农场和职工道别。校长走后，农场职工认为畜牧场的这些美国牛、荷兰牛、澳洲牛、英国猪、美国鹅、北京鸭等都是饲养多年的良种家畜，决定把这些家畜家禽搬迁到大后方去，于是推举王酉亭为负责人，经过千辛万苦，历时一年，于1938年11月中旬到达重庆。罗家伦1941年"于重庆警报声中"撰写《炸弹下长大的中央大学》，称："我于一天傍晚的时候，由校进城，在路上遇见牠们到了，仿佛如乱后骨肉重逢一样，真是有悲喜交集的情绪。"[1] 这故事实在太动人了，以至于日后讲述抗战中的大学内迁，很难遗漏中央大学。

联大师生的湘黔滇旅行团，也是因为有大量的细节，才显得如此丰满，且神采奕奕。旅行团从一开始就注意搜集资料，专人记录日记，沿途采风问俗，顺便做社会调查及文化考察，甚至还留下了《西南三千五百里》（钱能欣）、《西南采风录》（刘兆吉编）这样的作品。此外，像抄录玉

---

[1] 罗家伦：《炸弹下长大的中央大学》，《逝者如斯集》，第28—29页，台北：传记文学出版社，1967年。

屏县县长刘开彝具名的布告[1],沿途拍摄各种照片[2],以及围绕闻一多教授的一系列故事,所有这些,都是湘黔滇旅行团之所以不朽的重要原因。

三、必胜信念、学术关怀以及师生情谊

谈及西南联大对于抗日战争的贡献,容易说的,是有形的,如培养人才、推动科研以及投身战场;不太好说的,是无形的,那就是在生死存亡的关键时刻,如何凸显某种高贵的精神气质。具体说来,硝烟弥漫中,众多大学师生弦歌不辍,这本身就是一种稳定人心的力量。当初联大教授曾昭抡撰《大时代在等着青年们》,称:"古今中外一切战争,凡一交战国家,充满失败主义者,大败即不在远。难民比敌人跑得快,谣言比难民跑得更快,这是何等危险的现象。"从最初的殊死抵抗,到漫长的相持阶段,再到

---

[1] 玉屏县政府布告:"查临时大学近由长沙迁昆明,各大学生徒步前往。今日(十六)可抵本县住宿,本县无宽大旅店,兹指定城厢内外商民住宅,概为各大学生住宿之所。凡县内商民际此国难严重,对此振兴民族领导者——各大学生,务须爱护借重,将房屋腾让,打扫清洁,欢迎入内暂住,并予以种种之便利。特此布告,仰望商民一体遵照为要。此布。"见张寄谦《〈中国教育史上的一次创举〉序》。
[2] 张寄谦编《中国教育史上的一次创举》征集历史照片,印在书中的就有102页;在相机极为罕见的时代,能有如此丰富的遗存,实在难得。

最后的战略反攻,有很长的路要走。用曾昭抡的话来说,就是:"环观国际形势,同盟国家必获最后胜利,诚属必然之事。日寇何时得以完全击溃,则尚无把握。"[1]因此,西南联大以及众多撤退到大后方的中国大学,无论如何颠沛流离,坚持"笳吹弦诵",这本身便是抗战必胜信念的最好体现。

著名数学家陈省身晚年接受采访,谈及西南联大师生"坚持抗战的决心","精神上,觉得中国可以站起来"[2]。坚信中国不会亡、中国人能够站起来,正是这种民族自信,支撑着西南联大以及无数内迁大学的师生。今天看来是很自然的事,当初却困扰不少读书人——正因为了解中日两国经济及军事实力,不太相信中国能获胜(周作人的北平"苦住"乃至"落水",根本原因在此)。在我看来,西南联大等内迁大学的历史贡献,精神感召是第一位的。在大后方是稳定民心,而对于沦陷区民众,则是民族复兴的希望所在。因此,穿越封锁线,奔赴大后方任教或求学,本

---

[1] 曾昭抡:《大时代在等着青年们》,原刊《民主周刊》1卷3期,1944年;见《一代宗师——曾昭抡百年诞辰纪念文集》,第44—47页,北京大学出版社,1999年。
[2] 参见张曼菱总编导《西南联大人物访谈录》,第29页、36页,昆明:云南教育出版社,2007年。

身就是一种政治选择。

1941年12月太平洋战争爆发，日本兵开进了燕京大学，不愿做亡国奴的燕大学生林焘等一行六人，决心投奔自由，从北平辗转来到成都燕京大学复学。据林焘日后追忆，中间诸多艰险，"一般同学从北平到成都只需要二十来天，我们竟走了两个多月"[1]。而中文系教授浦江清为践西南联大之约，1942年5月29日从上海出发，历千辛万苦，经苏、皖、赣、闽、粤、桂、贵、云八省，来到昆明任教，读其《西行日记》，让人感慨万千。1942年11月21日，星期六，浦江清终于到达昆明，那天的日记是："自五月二十九日离沪，今日抵昆，在途凡一百七十七日，所历艰难有非始料所及者。"[2]

了解这些，你才能理解，为何前西南联大经济学系教授、系主任陈岱孙为《国立西南联合大学校史》撰写序言，会特别表彰联大师生"身处逆境而正义必胜的信念永不动摇"，以及"对国家民族所具有的高度责任感"。在他看来，正是这两点，"曾启发和支撑了抗日战争期间西南联

---

[1] 林焘：《浮生散忆》，见《燕园远去的笛声——林焘先生纪念文集》，第479页，北京：商务印书馆，2007年。
[2] 参见浦江清《清华园日记·西行日记》，第97—198页，北京：三联书店，1987年。

大师生们对敬业、求知的追求",而"这精神在任何时代都是可贵的,是特别值得纪念的"[1]。我曾在一次专题演讲中提及:"联大有什么值得骄傲的?联大有精神:政治情怀、社会承担、学术抱负、远大志向。联大人贫困,可人不猥琐,甚至可以说'器宇轩昂',他们的自信、刚毅与聪慧,全都写在脸上——这是我阅读西南联大老照片的直接感受。"[2]

当国家处在危急关头,各大学的教授及学生如何尽到一个国民的责任、为抗战做贡献?这不仅是个人选择,还牵涉大后方诸多大学的办学方向,以及无数师生的教学和日常生活。教育部的基本方针是"战时须作平时看",课程设置略为调整,以适应战争需要,"但一切仍以维持正常教育为其主旨"[3]。1939年3月4日,蒋介石在第三届全国教育会议上讲话,进一步明确战时教育的大政方针:"总而言之,我们切不可忘记战时应作平时看,切勿为应

---

[1] 陈岱孙:《〈国立西南联合大学校史〉序》,西南联合大学北京校友会编《国立西南联合大学校史》。
[2] 参见《寻找21世纪中国的"大学之道"》,《钱江晚报》2007年12月18日第14、15版,收入陈平原《大学有精神》(北京大学出版社,2009年)时,改回原题《教育史上的奇迹——西南联大的意义》。
[3] 参见《第二次中国教育年鉴》第一编"总述",第二章"抗战时期教育",总第10页。

急之故而就丢却了基本。我们这一战争，一方面是争取民族生存，一方面就要于此时期中改造我们的民族，复兴我们的国家。所以我们教育上的着眼点，不仅在战时，还应当看到战后。"[1]

国民政府的这一重大决策，得到大学校长及教授们的支持。中央大学校长罗家伦写于1941年6月的《炸弹下长大的中央大学》称：

> 当我们初来的时候，学生受外间不成熟舆论的影响，常有要求改变课程，受所谓战时教育的声浪。那时候他们心目中以为有一种短期速成的教育，像"万应灵丹"一样，一吞下去就可以抗日的。我很恳切的告诉他们，说是教育，尤其是近代科学教育里面，绝无"王者之路"（捷径），何况大家不是王者。学问是谨严的，是有步骤的。一种学问学好了，平时可用，战时也可用。到那境界，只看你们能不能"一隅三反"。战时教育，只须把平时教育加紧，更须加重军事体育的训练，加强国家民族的意识，就可以了。[2]

---

[1] 蒋介石：《第三届全国教育会议开会训词》，《抗战建国论》，第92页，现代文化出版社，1939年。
[2] 罗家伦：《炸弹下长大的中央大学》，《逝者如斯集》，第34—35页。

即便是思想激进的联大中文系教授闻一多,在《八年的回忆与感想》中也谈及,当校园里争执如何实行"战时教育"时:"教授大都与政府的看法相同:认为我们应该努力研究,以待将来建国之用,何况学生受了训,不见得比大兵打得更好,因为那时的中国军队确乎打的不坏。"[1]基于中国人对"知识"的渴求以及对"学问"的敬重,国民政府一方面调整总体布局,在协助众多沿海教育机关迁往西南的同时,特意搬迁了一些学校到西北(设立西北工学院、西北农学院、西北师范学院等),另一方面,大量扩充理、工、农、医等院校(科系),以适应战争对国防建设及科技人才的特殊需要。教育部之指令各高校开设若干配合抗战的课程,但坚持不降低教育水准,拒绝将大学改造成应急的培训学校,此举对于保存中华民族的文化命脉起很大作用,应给予充分肯定。

正因为政府及学界有此共识,抗战中中国大学的整体水平没有下降,很多专业领域甚至有明显的提升。如西南

---

[1] 闻一多:《八年的回忆与感想》,西南联大除夕副刊主编《联大八年》,第4—5页,昆明:西南联大学生出版社,1946年。

联大,各院系都有很好的教授及研究成果[1]。这里不准备仔细清理教授们"学术参战"的决心与能力[2],只想从"心态史"角度,谈论教授们著述时的心情——南渡的悲愤,北归的愿望,艰难中的崛起,不屈的意志力,如何渗透到具体的著述中去。

在1946年刊行的《联大八年》中,有费孝通教授的《疏散——教授生活之一章》,其中提及自己的写作:"跑警报已经成了日常的课程。经验丰富之后,很能从容应对。……我在这些日子,把翻译《人文类型》排成早课。因为翻译不需要有系统的思索,断续随意,很适合于警报频烦时期的工作。"[3] 至于北大校长、西南联大常委蒋梦麟在躲避空袭的间隙,陆续写成日后成为一代名著的《西潮》。此书的原稿是英文,据说是因为防空洞里既无桌椅,又无

---

[1] 参见西南联合大学北京校友会编《国立西南联合大学校史》第二编"院系史"(第104—434页);易社强著、饶佳荣译《战争与革命中的西南联大》第三部分"谆谆教诲,济济良师"(第161—277页)。

[2] 参见闻黎明《抗日战争与中国知识分子》第六章"学术参战",作者分"弘扬爱国主义""加强应用科学""推动国防科技研究"三节,主要强调联大教授的研究工作与抗战的关联性。

[3] 费孝通:《疏散——教授生活之一章》,西南联大除夕副刊主编《联大八年》,第55页。另,弗思(Firth, Raymond)著、费孝通译:《人文类型》,重庆:商务印书馆,1944年。

灯光，用英文写作，"可以闭起眼睛不加思索的画下去"[1]。

作为后来者，我们往往只看见著述，而未能真切体会前辈那"压在纸背的心情"。冯友兰曾提及联大教授为何埋头著述：

> 从表面上看，我们好像是不顾国难，躲入了"象牙之塔"。其实我们都是怀着满腔悲愤无处发泄。那个悲愤是我们那样做的动力。金先生的书名为《论道》，有人问他为什么要用这个陈旧的名字。金先生说，要使它有中国味。那时我们想，哪怕只是一点中国味，也是对抗战有利的。[2]

至于谦谦君子汤用彤的讲课，同样蕴涵着时代的忧愤："汤先生也具有强烈的历史感，内心隐藏着对专制腐败统治的极度不满，但却与感时忧世低徊吟咏的诗人不同，有哲人的气质，寓悲愤于超逸之中。这一点，在讲授魏晋玄学一课中不时流露出来。对于魏晋的哲学思想体系，他推崇王弼、郭象，更欣赏僧肇。但对当时社会的实际影响，他

---

[1] 刘绍唐：《〈西潮〉与〈新潮〉》，《传记文学》11卷2期，1967年8月。
[2] 冯友兰：《怀念金岳霖先生》，西南联合大学北京校友会编《笳吹弦诵情弥切》，第69—70页。

却强调阮籍、嵇康，指出他们才是魏晋名士风流的代表人物。"[1] 关于联大师生为何格外关注中古时代的思想及文章，我曾有过如此表述："南渡的感时伤世、魏晋的流风余韵，配上嵇阮的师心使气，很容易使得感慨遥深的学子们选择'玄学与清谈'。四十年代之所以出现不少关于魏晋南北朝的优秀著述，当与此'天时''地利'不无关联。"[2] 可以这么说，所学专业有别，可那个时代的联大师生，全都是"有情怀的"。

世人谈及声名显赫的西南联大，喜欢从蒋梦麟、梅贻琦、张伯苓三位校长（常委）入手。其实，三人中长期在昆明的只有梅贻琦，而梅发挥的作用也没有想象的那么大。阅读北京大学、清华大学、南开大学、云南师范大学合编的《国立西南联合大学史料》（昆明：云南教育出版社，1998年），印象最深的是教授会的权力与决策之果断。三校联合，取北大的兼容并包（学术自由）、清华的教授治校（严格要求）以及南开的应用实干（坚韧不拔），合

---

[1] 邓艾民：《汤用彤先生散忆》，西南联合大学北京校友会编《笳吹弦诵情弥切》，第74页
[2] 参见陈平原《念王瑶先生》第三节"中古文学研究的魅力"，见《当年游侠人——现代中国的文人与学者》，第242—246页，北京：三联书店，2006年。

成一种新的联大校风。而在制度建设方面,清华贡献最大。西南联大决策和管理之相对民主,与梅贻琦长期主持常委会工作以及教授会制度的确立不无关系。西南联大的教授会,比起清华时期来,权限有所缩减,基本上属于咨询机构;但在处理突发事件的关键时刻,教授会挺身而出,支持学生争取民主运动,作用非同小可[1]。世人之所以喜欢从三位校长说起,除了这样"讲故事"线索简单,效果很好,我怀疑还有"官本位"的潜在影响。查阅大量档案公文、书信日记、回忆录,以及散文小说等,逐渐展开五彩缤纷的历史场景,你会发现,战争中西南联大之所以波澜不惊、弦歌不辍,教授起关键性作用。

所谓"教授治校",乃基于对学术共同体的信任。西南联大教授大都是留学生(尤其是理工科方面),有基本相同的学术理念,故能真诚合作。西南联大除夕副刊主编的《联大八年》(1946),其"联大教授"部分有一类似"小引"的插页,称:

> 联大一百七十九位教授当中:九十七位留美,三十八位留欧陆,十八位留英,三位留日,廿三位未

---

[1] 参见陈平原《过去的大学》,《新民晚报》2000年7月16日。

留学。三位常委：两位留美，一位未留学。五位院长，全为美国博士。廿六位系主任，除中国文学系及两位留欧陆，三位留英外，皆为留美。[1]

一所大学的教授，留学生占86%（留美学生占55%），这种学术背景的高度同质，在那个特定时代，使得教授们容易就某些重大问题达成共识，减少不必要的内部纷争。而环境的艰难，使得文、理科教授混合居住，彼此之间很容易沟通。

比起教授之合作无间，更重要的是师生关系十分融洽。联大西迁昆明后，1938年春曾在蒙自设文法学院，负责筹备的郑天挺教授日后回忆："西南联大的八年，最可贵的是友爱和团结。教师之间、师生之间、三校之间均如此。在蒙自的半年，已有良好的开端。同学初到蒙自时，我每次都亲到车站迎接，悉心照料，协助帮运行李。其他教授亦如此。"[2] 我曾引用冯友兰1948年撰写的《回念朱佩弦先生与闻一多先生》，谈及那个时期"中国的大学教

---

[1] 《〈联大教授〉小引》，见西南联大除夕副刊主编《联大八年》，第160与161页之间的插页。

[2] 郑天挺：《滇行记》，西南联合大学北京校友会编《笳吹弦诵情弥切》，第331页。

育,有了最高底表现"。关键在于:"教授学生,真是打成一片。……那一段的生活,是又严肃,又快活。"[1] 把这段话略为引申——放长视野,九年联大,最让后来者怀想不已的,很可能正是此逆境中的师生"打成一片",一起经历苦难,一起探索学问,因而,"又严肃,又快活"。这一状态,在我看来,既学术,也精神,乃大学之为大学的理想境界[2]。

这种师生亲密无间,除了中国书院传统,某种程度上也是战时经济困难以及生活空间缩小造成的。著名史学家、当年联大历史系助教何炳棣,晚年在《读史阅世六十年》中提及:"我相信当时'联大人'的日常活动半径不会超过25或30分钟的步行,生活空间如此急剧的紧缩是造成联大高度'我群'意识的有力因素";"从1941和1942年起,持续的恶性通货膨胀,逐渐使一贯为民主自由奋斗的联大,变成一个几乎没有'身份架子',相当'平等'、风雨同舟、互相关怀的高知社群。"[3] 而著名数理逻辑学家、当年联大

---

[1] 冯友兰:《回念朱佩弦先生与闻一多先生》,《文学杂志》3卷5期,1948年。
[2] 参见陈平原《六位师长和一所大学——我所知道的西南联大》,《21世纪经济报道》2007年11月12日。
[3] 何炳棣:《读史阅世六十年》,第151—152页,桂林:广西师范大学出版社,2005年。

研究生王浩,也在回忆文章中称:"教师与学生相处,亲如朋友,有时师生一起学习新材料。同学之间的竞争一般也光明正大,不伤感情,而且往往彼此讨论,以增进对所学知识的了解。离开昆明后,我也交过一些别的朋友,但总感到大多不及联大的一些老师和同学亲近。"[1]

事隔多年,追忆逝水年华,难免夹杂个人感情色彩。可对照当初的历史资料,不难发现,联大师生关系确实非同一般。《联大八年》中,"联大教授"的"小引"称:"这里收集到的关于教授报道的文字在我们是没有什么标准的。这中间差不多是每位同学描写他熟识的先生",至于那些只开列教授履历,或者炫耀其官衔的,"我们也就只有从略"了。除了《闻一多先生死难经过》《闻一多先生最后一次演讲》《闻一多先生事略》,接下来就是总共33页篇幅的《教授介绍》[2]。作者采用"剪影"手法,虽只聊聊数语,却相当传神。这里引述若干则,以见当年学生眼中的著名教授:

---

[1] 王浩:《谁也不怕谁的日子》,《云南文史资料选辑》第34辑"西南联合大学建校五十周年纪念专辑",第66页,昆明:云南人民出版社,1988年。
[2] 《教授介绍》,载西南联大除夕副刊主编《联大八年》,第169—201页;以下引文,随文注明页数。

哲学心理系主任汤用彤:"汤先生岁数并不太高,头发却已全白,胖胖的身材,走起路来,一歪一歪的。在家庭的重担之下,汤先生远在 1942 年就卖去了皮氅,家里经常吃稀饭过活。然而对同学仍然教诲不倦,而且面色毫无忧容。讲起书来毫不使人乏味。"(169 页)

历史系主任雷海宗:"教书有条不紊,同学认为雷先生写黑板都是有计划的。雷先生的脑筋是超级冷静的,只有在这次东北问题中是仅有例外,讲得来老泪横流。雷先生常为《中央日报》写点星期论文,以弥补日常费用。"(170 页)

历史系教授刘崇鋐:"刘先生热忱爱国,昆明有什么关于政局的讲演,是他常去听的。前次知识青年从军,刘先生送了自己的孩子去入营。可是后来在欢迎从军同学返昆席上,刘先生致词,当他说到这批青年人所受到政府的待遇时,眼泪不禁夺眶而去。"(170 页)

化学系主任曾昭抡喜欢写时评,且从事民主运动:"他很能和同学接近,同学举办的各种活动,他常是很慷慨的接受邀请,这一点不像旁的教授。而且'贯彻始终'的跟同学一道吃,玩,闹。……曾先生不修边幅,有时一只脚穿袜,另外一只却没有。衣服的扭(纽)扣老是不齐全,而鞋子老是拖在脚上。有一次,曾师母俞大䌷先生到昆明来了,曾先生同曾师母常在翠湖堤畔文林街上挽

臂而行。"（174 页）

政治学系主任张奚若："这位敢怒敢言的老政治学者，想来是大家所熟知的了。远在三十三年冬，张先生就指出国民党一党专政和蒋主席个人独裁所引起的严重后果。……张先生对同学非常亲近和蔼，你可以一直坐在张先生家里谈上三四个钟头。张先生是胡适先生的好朋友，远在'一二·九'时候，他曾经以《晋察不应以特殊自居》为题而使《独立评论》封闭。"（175 页）

物理学教授王竹溪："据我粗粗的观察，王先生是教授群中最虚心而又兴趣宽广的一位，譬如三十三年姜立夫先生开高等几何一课时，王先生几乎每堂必到，很注意地细心谛听；而且还勇于发问，颇有西洋人的作风。此外王先生对中国文字很有兴趣，为了中国辞书的部首太多翻阅不便，王先生正在编订一部部首非常简单的字典。去年时见他在唐兰先生的《说文解字》课上旁听，大概就是为的这个罢。"（178 页）

教务长、社会系主任潘光旦："潘先生是社会学家同时是优生学家，常在优生学班上谈起自己站在国民的立场也算尽了一己之责，因为潘先生刻已膝下五女。在欢送毕业同学会上常劝大家努力解决婚姻问题……潘先生自己承认有演讲瘾，的确潘先生的口才是少有的，演讲起来，如

黄河长江滔滔不绝，而所讲的又是层次清楚有条不紊。"（178—179页）

文学院院长冯友兰："根据冯先生最近几年的行动，有很多人以为冯先生由'风流'而转变为'现实'，由'为无为'而转变到'有有为'了。假若太虚是'政治和尚'，那么冯先生可以称为'政治哲学家'了。"（185页）

算学系主任杨武之："为人忠厚老诚，对同学异常和善。上课的时候，颇爱讲一点共产党教人放火的大道理。"（185页）

社会系教授费孝通："跟同学关系很合得来，打球开会常跟同学们在一道。……费先生写的论文有散文小说的笔调，看起来毫不使人厌倦。"（186页）

因为是小品文字，对于这102位教授的介绍，不太涉及各自的专门学问，关注点有三：一是演讲口才，二是对待同学的态度，三为介入社会的热情。尤其是谈及中文系教授，更是格外看重讲课效果。罗庸："他尊崇儒家，口才很好"（177页）；闻一多："他的课最叫座，没有一门课不挤拥"（177页）；唐兰："唐先生的课以前很叫座，现在却不行了"（181页）；罗常培："一口流利北平话，听起来稍使人感觉有点'油滑'"（181页）。这种三言两语的"评点",有很大的随意性,不能当"学术鉴定"看待;但从行文风格可以看出,作者未取"高山仰止"的视角,甚至还略带调侃。如此相濡以沫、平等相待的师生关系,此前此后都难得一见。

四、以本科教学为中心

西南联大的教授们,在十分艰难的环境下从事学术研究,照样有很好的业绩。尤其是人文学,不仅未受缺少实验设备的影响,甚至更因战火而激发了学者的潜能与情怀。谢幼伟在《抗战七年来之哲学》中称:"在烽火满天,四郊多垒之际来谈哲学,这是中国哲人的常事,也是中国哲人的本色。"严酷的战争环境,并没有阻碍中国哲学的进展。"实际上,这七年来的中国哲学,比起中国任何一时期来讲,都不算是退步。相反的,作者可以很自信的说,中国哲学是进步了。这七年来的抗战,可以说是中国哲学的新生。"[1] 谢幼伟列举这一时期重要的哲学研究成果,如熊十力《新唯识论》(语体文本)、贺麟《近代唯心论简释》、

---

[1] 谢幼伟:《抗战七年来之哲学》,初刊《文化先锋》3卷24期,收入贺麟《当代中国哲学》作为附录(第143—155页),南京:胜利出版公司,1945年。此处引文见贺著,第143页。

章士钊《逻辑指要》、冯友兰《新理学》、金岳霖《论道》，还有沈有鼎在《哲学评论》上发表的"意指分析"的两章。由此可见，"这七年的抗战，并没有阻碍中国哲人的思索，反而，使他们的思索更为敏锐了"[1]。哲学研究如此，史学、文学、语言、宗教等领域，何尝不是这样。若联大教授汤用彤的《汉魏两晋南北朝佛教史》、陈寅恪的《隋唐制度渊源略论稿》、钱穆的《国史大纲》、雷海宗的《中国文化与中国的兵》等，都是不可多得的一代名篇。战争没有完全阻隔学术，反而激起中国学术的强大生命力，这点很让人欣慰。

不同专业的学者，受战争影响深浅不一。讲课没问题，若需要精密仪器配合的，则不免捉襟见肘。联大物理学系教授吴大猷在回忆录中谈及，其如何请北大校方在岗头村租了一所泥墙泥地的房子做实验室，找一位助教把三棱镜等放在木制的架子上，拼凑成一个最原始的分光仪，试着做一些拉曼效应工作。"我想，在20世纪，在任何实验室，不会找到一个仅靠一个三棱镜，并且是用一个简陋木架做成的分光仪。"[2] 靠如此简略的仪器做实验，写论文，实在

---

[1] 谢幼伟：《抗战七年来之哲学》，见贺麟《当代中国哲学》，第155页。
[2] 吴大猷：《回忆》，第34页，北京：中国友谊出版公司，1984年。

太难为教授们了。

这里涉及对西南联大学术水平及发展方向的基本判断。何炳棣在《读史阅世六十年》中谈及："总之，联大理工方面，尤以数理，最能发扬光大战前三校优良学风。我多年来和科学界老朋友忆往的积累印象是：当年联大在数理知识的传授上已是非常接近世界先进水平了。"[1] 最能说明这一点的，莫过于联大学生杨振宁、李政道赴美深造，日后获诺贝尔物理学奖。而截至《国立西南联合大学校史》出版的 1996 年，联大教师中当选中国科学院院士的有 69 人，学生中当选中国科学院院士和中国工程院院士的有 80 人，合计 149 人[2]。单凭这些数字，人们也有理由对西南联大的学术水平充满信心。更何况，诺贝尔物理学奖得主杨振宁信誓旦旦地说："想起在中国的大学生活，对西南联大的良好学习空气的回忆总使我感动不已。联大的生活为我提供了学习和成长的机会。"[3]

毫无疑问，西南联大是当年中国最好的大学。三校合一，师资力量强，学术水平高，"两弹一星"元勋朱光亚

---

[1] 何炳棣：《读史阅世六十年》，第 158 页。
[2] 参见西南联合大学北京校友会编《国立西南联合大学校史》，第 3 页。
[3] 杨振宁《〈超晶格〉（1945）之后记》，《读书教学四十年》，第 5 页，香港：三联书店，1985 年。

当年就慕名从中央大学转学西南联大。联大算学系教授陈省身对自己所处的学术环境也相当满意:"三校联合,教员不缺,所以我有机会开高深的课,如:李群、圆球几何学、外微分工程等。"[1] 可晚年接受采访,陈省身是这样谈论联大的学术水平的:"西南联大也就是说,大家都是矮子的时候它比较高一点,没什么了不得。"[2] 单看胡适从美国寄《拓朴学》给江泽涵教授,联大算学系老师于是分头手抄,然后开展研究;或者联大为图书借阅制订十分严苛的制度,以免学生们无书可读,你就不难明白,"巧妇难为无米之炊",当年联大许多领域的学术水平,其实并不像今人所渲染的那样高超。

生活艰难,实验设备很差,联大教授的研究大受限制(人文学不在此列)。可也正因此,教授们把主要精力放在培养学生上。这一点,单看联大的研究生教育,就很容易明白。西南联大的研究生由三校分别招收与管理,学籍不属于联大,故统计起来有点麻烦。查《国立西南联合大学校史》,研究所方面,清华毕业了32人,北大毕业了19

---

[1] 陈省身:《我在联大的六年》,西南联合大学北京校友会编《笳吹弦诵情弥切》,第190页。
[2] 参见张曼菱《西南联大人物访谈录》,第35页。

人，南开毕业了24人[1]。而查《国立西南联合大学校史资料》第三卷中的《清华研究院历届毕业生论文题目一览》（1940年—1946年），确实是32人；至于《南开大学经济研究所历届研究生论文题目一览》（1939年—1945年），名单上则有35人（即便扣除没有论文题目的5人，也是30人）[2]。记载虽略有出入，但联大因经费限制，招收研究生数量不多，九年间正式毕业的不到百名，则是千真万确。比起今日中国大学，一个院系每年毕业的博士硕士都不止此数，实在让人惊叹。

因主客观各方面原因，没有能力扩大研究生教育的西南联大，选择以本科教学为中心，这是明智之举。原本是缺憾，可扬长避短，反而成就了西南联大的名声——因为，本科教学乃大学之本，除了具体的专业传授，还有精神气度的熏陶，影响更为深远。而本科生对母校的认同感，又远在博士生之上。这就难怪，半个多世纪后的西南联大，被年迈的校友们越说越好，越说越伟大。

杨振宁之表彰西南联大，也主要集中在本科教学，尤其是学生的基础知识如何扎实："西南联大的教学风气是

---

[1] 参见《国立西南联合大学校史》，第39—41页、663—668页。
[2] 参见《国立西南联合大学校史资料》第三卷，第469—475页。

非常认真的。我们那时候所念的课,一般老师准备得很好,学生习题做得很多。所以在大学的四年和后来两年研究院期间,我学了很多东西。"[1] 多年后接受采访,杨振宁说得更明确:"当时,西南联大老师中有学问的人很多,而同时他们对于教书的态度非常认真。……(不只是联大,浙大也好,中央大学也好,华西大学也好)这些学校的教师对于教学的认真的态度都很好,比起美国今天的最好的大学的老师教本科生的态度,平均讲起来好。这个结果是一个好的学生可以学到很多的东西,学到很瓷实的知识、学到很深入的知识、学到很广的知识。"[2]

1945年秋,吴大猷建议选派物理、化学、数学人员出国考察或深造,被当局采纳。西南联大选送到著名物理学家费米门下念书的,是已念完研究生的杨振宁和大学二年级学生李政道。李的回忆与杨的文章同调:"在抗战的时候,就是老师对学生培养的经验是很高度的……他们看见有一个优秀的学生,都是全副精神要培养的。"[3] 最能说明教授识才、爱才且倾尽全力培育的,恰好是李政道本人

---

[1] 杨振宁:《读书教学四十年》,第114页。
[2] 参见张曼菱《西南联大人物访谈录》,第43页。
[3] 参见张曼菱《西南联大人物访谈录》,第62页。

的故事。这点,在吴大猷的《回忆》中,有很动人的描述[1]。为了说明吴大猷晚年的回忆并非自夸,引录一段《联大八年》中的文字:

> 假定说联大物理系教授都比较瘦的话,那末吴先生无疑是个例外。当他穿着一件较小的长袍来上课时,那件长袍简直就是鼓足了气的气袋。他讲课的特点是说得快,写得快,擦得快,心手迟钝者,实在颇有望洋兴叹之感。下课钟响了,吴先生总是继续守住岗位,孜孜不休,每每延迟到下一堂钟声响了为止。吴先生据说是物理系最渊博的一位,正因为如此他即将与华罗庚先生远渡重洋一探原子弹的秘密。他是北大教授,在联大曾开过的课程有电磁学,近代物理,理论物理,量子力学等。[2]

受作家笔墨的影响,很多人误以为,西南联大的理科教学很认真,文科则很随意。汪曾祺《西南联大中文系》称:"中文系似乎比别的系更自由。工学院的机械制图总要按

---

[1] 参见吴大猷《回忆》,第40页、41—42页。
[2] 《联大教授》,西南联大除夕副刊主编《联大八年》,第178页。

期交卷,并且要严格评分的;理学院要做实验,数据不能马虎。中文系就没有这一套。……联大教授讲课从来无人干涉,想讲什么就讲什么,想怎么讲就怎么讲。刘文典先生讲了一年庄子,我只记住开头一句:'《庄子》嘿,我是不懂的喽,也没有人懂。'他讲课时东拉西扯,有时扯到和庄子毫不相干的事。倒是有些骂人的话,留给我的印象颇深。"[1] 与此相呼应的,是何兆武的《上学记》。在"自由,学术之生命"节,何也谈及联大教师讲课之绝对自由[2]。文科教授本来就是个性强、逸事多,加上回忆文章多挑好玩的讲,后世读者容易被误导,以为联大生活全都是《世说新语》般的文人趣味。

联大教授讲课确实很自由,但我认同校史编者的说法:"联大对基础课的要求是非常严格的"[3]。李凌在追怀联大中文系副教授余冠英时,有这么一段话:

> 有意思的是,有的教授在北平时有点所谓名士派头,如懒得看卷子,凭印象打分数等,到昆明后,艰

---

[1] 汪曾祺:《西南联大中文系》,《精神的魅力》,第 77—79 页,北京大学出版社,1988 年。
[2] 何兆武:《上学记》,第 107—113 页,北京:三联书店,2006 年。
[3] 参见西南联合大学北京校友会编《国立西南联合大学校史》,第 70 页。

苦环境却把这点"名士派头"磨掉了。学校对教授的要求也是严格的，对其言行有损为人师表形象的教师，即便是名教授，也要解聘。教授的教学都很认真，所有教授不管多么有名气都亲自给本科生讲课。可以说，没有一个不上课的教授，许多名教授还亲自给大一的新生上基础课。有的课程由于比较冷僻，或因其他原因，选修的学生很少，但即使只有一个学生，教师也非常认真地教课。[1]

可与这段回忆文字互证的，是1942年暑假后朱自清讲授"文辞研究"这门课程。据季镇淮称："听课学生只有二人，一个是王瑶，原清华中文系的复学生；另一个是我，清华研究生。没有课本，上课时，朱先生拿着四方的卡片，在黑板上一条一条地抄材料，抄过了再讲，讲过了又抄，一丝不苟，好像对着许多学生讲课一样。王瑶坐在前面，照抄笔记；我坐在后面，没抄笔记。"[2]

与今日中国大学拼命发展研究院不同，西南联大真正

---

[1] 李凌：《余冠英老师回忆联大》，西南联合大学北京校友会编《笳吹弦诵情弥切》，第32页。
[2] 季镇淮：《纪念佩弦师逝世三十周年》，《来之文录》，第433页，北京大学出版社，1992年。

得意之处在本科教学。这些受过良好训练，深受联大精神熏陶的本科生，日后因缘际会，或出国继续深造，或在实践中自己探索，逐渐成为一代名家——这或许是西南联大留给我们的最为深刻的教诲。

五、"人和"的另一面

抗战中各大学内迁的路线，并不是事先规划好的，都是随机应变。回避战火之外，还得考虑迁入地的交通、物产、民情、文化传统、政治氛围等。大学与地方之关系，有的顺风顺水，有的磕磕碰碰，这些都严重制约办学的效果，更影响日后校友们的追忆。长沙临时大学之所以西迁昆明，主要看中的是其优越的地理位置："昆明地处西南边陲，距抗日战争前线较远，可以有比较稳定的学习环境；有滇越铁路、滇缅公路可通国外，图书仪器进口比较方便，可以较便利地了解国际学术和科研发展的动态。"[1] 此外，云南省主席龙云与蒋介石的矛盾，也是常被提及的因素。当年的昆明，意识形态上不太受中央政府控制，只要不直接反龙云，师生们的思想表达是比较自由的（包括

---

[1] 参见西南联合大学北京校友会编《国立西南联合大学校史》，第96页。

游行、贴标语等）。因此，谈论西南联大的成功，必须把云南的因素考虑在内。

为了论述思路的完整，除了指出昆明在战时优越的地理环境，还得兼及"天时"与"人和"。就先从昆明的气候说起。宗璞的长篇小说《东藏记》是这样开篇的：

> 昆明的天，非常非常的蓝。……蓝得丰富，蓝得慷慨，蓝得澄澈而光亮，蓝得让人每抬头看一眼，都要惊呼，哦！有这样蓝的天！奇妙蓝天下面的云南高原，位于云贵高原的西部，海拔两千左右。高原上有大大小小的坝子一千多个。这种坝子四周环山，中部低平，土层厚，水源好，适合居住。昆明坝可谓众坝之首。昆明市从元代便成为云南首府。在美丽的自然环境中，出了些文武人才。一九三八年一批俊彦之士陆续来到昆明，和云南人一起度过了一段艰难而又振奋的日子。[1]

作为公元 1938 年来到昆明的"俊彦之士"蒋梦麟，日后撰写《西潮》，第三十一章"战时之昆明"，有对昆明气候

---

[1] 宗璞：《东藏记》，第 1—2 页，北京：人民文学出版社，2001 年。

的详细描写：

> 昆明四季如春，夏季多雨，阵雨刚好冲散夏日的炎暑。其他季节多半有温煦的阳光照耀着农作密茂的田野。
>
> 在这样的气候之下，自然是花卉遍地，瓜果满园。甜瓜、茄子和香橼都大得出奇。老百姓不必怎么辛勤工作，就可以谋生糊口；因此他们的生活非常悠闲自得。初从沿海省份来的人，常常会为当地居民慢吞吞的样子而生气。但是这些生客不久之后也就被悠闲的风俗同化了。[1]

这一四季如春的气候，给联大师生的日常生活带来很大方便[2]。至于云南人基于此气候而形成的生活习惯和文化传统，更是给联大师生留下了深刻印象。几十年后接受采访，任继愈称"我很喜欢云南的民风，人民的风情非常的朴实"；费孝通则表彰云南是多民族的地区，丰富多彩，"性

---

[1] 蒋梦麟：《西潮》，第173页，台北：世界书局，1962年。
[2] 何炳棣自称"特别受到春城气候的'恩惠'"，因患了可怕的斑疹伤寒，"据医生说，如果是在重庆等地得了此病，就会非常严重，只有在春城才能无药自愈"。参见何炳棣《读史阅世六十年》，第162—163页。

格像山茶花一样的美"[1]。

不仅联大师生,所有内迁大学的师生,多年后都会对当地表达感激之情。如著名遗传学家、原浙江大学生物系教授谈家桢在《难忘的岁月》中称:"可以这样说,我一生在科学研究上有一些重要的代表性论文是在湄潭写成的;我引以自豪的是在日后科学和教学中成绩斐然,独树一帜的第一代学生,也是在湄潭培养的。我们是吃了湄潭米、喝了湄江水,是勤劳淳朴的湄潭人哺育了我们。深情厚意,终生难忘。"[2] 此乃多年后的追忆,加上是应邀撰文,难免多说好话。不妨回到当年语境,看看内迁大学是如何看待自己与当地民众的关系。

就以曾驻足云南澂江的中山大学为例。澂江距离昆明56公里,是个古老的小山城。中大师生员工二千余人,分散在城内城外,借用祠堂和庙宇上课。一年半后,中大奉命迁往粤北坪石,临行前,代校长许崇清发表《告别澂江民众书》:"回忆年余以前,本校员工,初客他乡。生活习惯,不无互异,幸赖各民众之热情推爱,庇荫有加,使千里游子,于故乡沦陷之后,仓皇迁徙之秋,不致托足

---

[1] 参见张曼菱《西南联大人物访谈录》),第149页、109页。
[2] 谈家桢:《难忘的岁月》,贵州省遵义地区地方志编纂委员会编《浙江大学在遵义》,第171页。

无方，尚能安居研读，幸何如之！"[1] 接下来，当然是开列中大为澂江人民做出的贡献。与校长的表彰不同，读1941年学术新潮出版社刊行的《中大向导》（作者不详）第四章"生活三部曲"，其中有"矛盾和苦闷的两年：在澂江"，则只谈中大给予澂江的积极影响："大学给澂江人不少的教益，澂江人一方面学会了早起、卫生、守时、灭蝇、请西医、饮滚水，他方面也学会了用旗袍、高跟、西装、革履、吃大餐、尝美味。更重要的，是他们也学会了打倒县长的技术，他们冷眼的观察，已经有了很好的经验。他们由经济到政治，由政治到文化，学会了新智能。澂江人的眼，从此张开了。"[2]

内迁大学与本地民众之间，有互惠与互助，不可避免的，也会有摩擦。单是感恩，或满足于自我表扬，都不全面。中外学者中，易社强著《战争与革命中的西南联大》设第四章"联大与云南人"，分析何以说"联大选择昆明，可算是英明之举"[3]；余斌著《西南联大·昆明记忆》（1），

---

[1] 此文原载1940年8月13日国立中山大学离澂话别会刊行的《骊歌》，见吴定宇主编《走进中大》，第73页，成都：四川人民出版社，2000年。

[2] 《中大向导》（作者不详），见黄仕忠编《老中大的故事》，第87页，南京：江苏文艺出版社，1998年。

[3] 参见易社强著、饶佳荣译《战争与革命中的西南联大》第四章"联大与云南人"（第89—104页）。

属于专题性质的随笔集,其中《"被云南人驱逐出境"的李长之》《本地人与外省人》《楚图南论云南人爱听恭维及其他》三篇[1],都涉及这个问题。

谈论西南联大的"人和",必须兼及内外两方面:联大内部的精诚团结,联大与云南民众之互相扶持。所有谈及联大历史的,都对"三校有不同之历史,各异之学风,八年之久,合作无间"这一点赞不绝口[2]。因为,性质相近的西北联大,由北平大学、北平师范大学、北洋工学院组成,先西安,后城固,存在时间不到一年(包括西安临时大学与国立西北联合大学)。为何西南联大能消除矛盾,精诚团结,这与三位校长以及众多教授的"人际关系"有关。

曾兼任联大总务长的历史系教授郑天挺,在追怀梅贻琦先生时,谈及三校之关系:

> 1941年4月,清华大学在昆明拓东路联大工学院举行三十周年校庆,张伯苓校长自重庆告诉南开办事处的黄子坚说,清华和南开是"通家之好",得从丰的

---

[1] 参见余斌《西南联大·昆明记忆》(1),第27—49页,昆明:云南民族出版社,2003年。
[2] 冯友兰:《国立西南联合大学纪念碑文》,见西南联合大学北京校友会编《笳吹弦诵情弥切》,第2页。

庆祝。于是黄子坚在会上大作"通家"的解释,指出清华的梅校长是南开第一班的高材生。接着,冯友兰上台说,要是叙起"通家之好"来,北大和清华的通家关系也不落后,北大文学院长(指胡适)是清华人,我是清华文学院长,出身北大,此外还有其他很多人。两人发言之后,会场异常活跃,纷纷举出三校出身人物相互支援的情形。但是,几乎所有的人都感到联大的三校团结,远远超过了三校通家关系之上。[1]

类似的意思,胡适在联大九周年纪念会上也曾提及[2]。光是三位校长和睦相处还不够,更重要的是,这三所大学战前就联系密切,教授中多有自由转换、互相兼课的,故合作起来没有任何障碍。

其实,更应该关注的,是联大师生与本地民众的生活

---

[1] 郑天挺:《梅贻琦先生和西南联大》,西南联合大学北京校友会编《笳吹弦诵在春城——回忆西南联大》,第67—68页。

[2] 1946年11月2日北平《益世报》刊出《梅贻琦、黄子坚、胡适在联大校庆九周年纪念会上的讲话摘要》,其中胡适谈"九年来的合作,是最高兴的一件事":"说到三校是'通家'时,我在美曾为全美清华同学会总会长,现在还是南开的董事。战前清华校长罗家伦是我的学生。现任北大文学院长汤用彤,理学院长饶毓泰都是南开之教授。江泽涵也是南开校友。清华教授朱自清是北大校友,诸如此类,举不胜举。"见西南联合大学北京校友会编《笳吹弦诵在春城——回忆西南联大》,第514页。

习惯及思想文化的冲突。小品文杂志《宇宙风》上，曾这样描写昆明的街景："这种同时表现着二个不同的世纪，尤其当一个红唇烫发高跟的女郎，与一刚由山上下来的半开化的猓族土人，用头顶着他的商品，在一条路上进行的时候,这也是由于抗战而形成的奇观吧！"[1] 不过，很快地，昆明市民接纳了现代男女交往方式，联大学生的服饰也发生了变化。原刊1939年昆明版《战时知识》1卷12期的《西南联大的学生生活》，是这样描写联大学生的"衣着"的："退了色的黄制服,黄制帽。天气冷了,加一件黑色棉大衣，这至少是80%的学生们一年四季唯一的服装。其次是蓝布大褂；西装就少了。""女的浓妆艳抹形色轻佻的,大家就呼为'妖'；男的服装奇特逾越常规的,大家便称做'怪'；妖妖怪怪者,不过三两人耳！"[2]

因历史传统及生存环境不同，外地人与本省人的文化冲突不可避免。1939年1月12日至23日，中央大学教授刘节从上海转香港、河内到达昆明，十二日间，先后拜访或会晤陈寅恪、徐森玉、吴文藻、闻宥、徐旭生、傅斯年、罗常培、姚崇吾、毛子水、浦江清、吴晗、罗庸、梁

---

[1] 慕文俊：《联大在今日》，《宇宙风》第94、95期合刊，1940年6月。
[2] 何期明：《西南联大的学生生活》，见西南联合大学北京校友会编《笳吹弦诵情弥切》，第368页。

思成、张荫麟、钱穆、陈梦家、吴宓、王力、李济、梁思永、顾颉刚、董作宾等,这些都是联大、云大以及中央研究院学者(多为刘节读清华国学院时的师友),在交流学问的同时,也涉及各自对云南及昆明的印象。刘离开昆明当天的日记,某种程度折射出当时西迁学者的普遍看法:

> 余至云南共十二日,于昆明一带之天气最为爱好,其近郊风景亦自成天趣。惟于此间习惯风俗及土人之秉性大不同情,昆明人不论士农工商,早起甚晏,早上十二时以前商店开门者不及二三。土人十之五六皆有烟瘾。人民懒惰,而自视甚高,既无大智慧,又不愿纳善意,排外之性高于一切。如此人民,与外来优秀之士相处日久,当难逃优胜劣败之原则也。[1]

幸亏这日记是半个多世纪后才发表,要是当初公开刊出,作者很可能像撰写《昆明杂记》的李长之那样被当地人围攻,乃至"落荒而逃"。

批评云南人及云南文化,这话必须是本地人讲才合适。云南大学文史系教授楚图南是云南文山人,对云南人自身

---

[1] 刘节:《昆明十二日》,《万象》2007年10期。

局限性有清醒的认识，面对联大进驻后本省人和外省人的文化冲突，主张"批判底接受一切"。楚图南称："我们只要看看来到云南的学者名流，对于云南的批评，总是冠冕堂皇的一套恭维，如云南天时气候如何，人民性质如何，社会秩序如何之类。照他说来，云南真好象是天堂一样了。我以为这若不是对云南人的一种侮辱，也就是对云南人的一种欺骗。"楚文强调对人的尊重和学术的宽容，大胆接受外来文化，以便"使云南文化能够加速度地度到一个新阶段"[1]。

作为云南人，不能自欺欺人，要勇敢地面对挑战；而作为外来者，必须真诚地承认云南人民为西南联大作出了巨大贡献。蒋梦麟在《西潮》中称："昆明人对于从沿海省份涌到的千万难民感到相当头痛。许多人带了大笔钱来，而且挥霍无度，本地人都说物价就是这批人抬高的，昆明城内到处是从沿海来的摩登小姐和衣饰入时的仕女。"[2]而郑天挺的《滇行记》也有翔实的记载："我们大队师生来到蒙自，轰动了整个县城，该地商人遂乘机提价。原来在

---

[1] 参见楚图南《云南文化的新阶段与对人的尊重和学术的宽容》，此文初刊《动向》创刊号，收入作者散文集《刁斗集》（文通书局，1943），见《楚图南文选》，第627—628页，北京：中共党史出版社，1993年。
[2] 蒋梦麟：《西潮》，第173页。

长沙时,学生包饭每月仅5元5角,且午餐晚餐可三荤二素。及至蒙自,商人却将学生包伙提至每月9元,且菜为一硬荤、二岔荤(肉加菜)、二素,教师包伙每月12元。是时云南本地各局之三等办事员,月薪不过12元(滇币120元),而教职员一月之伙食费已与该地职员一月收入相等,这不仅增加师生负担,也觉得愧对当地父老,于是初议未谐。"[1]

沿海城市与内陆地区民风之所以不同,与历史传统有关,也与经济发展水平有关。早起晚起、准时不准时,还有商店开门时间等,都与此有关。昆明所处的地理位置,使其开化较晚,文化传统不太雄厚;但也正因为比较闭塞,民风平和,对读书人相当尊重,西南联大方能成为主导力量。换一个民风剽悍或商品意识强的地方,联大所面对的困难将会大得多。引入大批外来人口,必定挤占本地人的生存空间,无论是联大人还是后世史家,不能居高临下,只说联大对于云南的政治、经济、文化、教育所作贡献,而不提及云南民众的抚育与支持。

---

[1] 郑天挺:《滇行记》,西南联合大学北京校友会编《笳吹弦诵情弥切》,第329页。

六、"应叫青史有专篇"

原联大经济学系主任陈岱孙为西南联合大学五十周年纪念文集作序,称:"我们联大师生是否常有这种遗憾:西南联大只有八年(或者只有八年半……),可惜,联大的实体已不复存在,前无古人,后无来者。"[1] 其实,正因为西南联大早已结束,才更值得后人追怀。就好像清华国学院、无锡国专、延安鲁艺、燕京大学,以及香港的新亚书院、新加坡的南洋大学,因为过早"凋谢",所以格外凄美。倘若西南联大不解散,一直延续到今天,评价肯定没有这么高。再好的大学,也有不如意的地方。只有消失在历史深处的西南联大,冰清玉洁,白璧无瑕。我们都只记得其风姿绰约,热心谈论其如何"回眸一笑百媚生",而很少追究其存在的缺憾。翻阅1946年联大学生编印的《联大八年》,你会看到很多刻毒的批评与抱怨;几十年后,这些老学生若撰写回忆录,必定是满口赞扬之声。我曾认真翻阅北大历年"纪念册",得出一个结论:凡在校生编的,大都是批评意见;凡老校友编的,大都是温馨

---

[1] 陈岱孙:《肯定历史放眼未来(代序)》,见西南联合大学北京校友会编《笳吹弦诵情弥切》。

回忆[1]。两种感觉都是真实的，最好是对照阅读，方能见其真面目与真性情。

当然，西南联大有其特殊性，以南渡始，以北归终，这个故事实在太完美了。早先是"南渡自应思往事，北归端恐待来生"；后来又"国仇已雪南迁耻，家祭难忘北定诗"[2]。借用宗璞的系列长篇小说"野葫芦引"：《南渡记》《东藏记》《西征记》《北归记》。起承转合之间，有充分的戏剧性，但又未见抹不去的阴影。那些被迫关闭的大学，当事人壮志未酬，深感压抑；而西南联大则是以胜利者的姿态，主动解散，班师回朝，故壮志多而悲情少。

另外，西南联大的历史及精神遗产为三校师生所共有，不属于其中的任何一所大学。这样，今天的北大人、清华人、南开人，无论如何吹捧西南联大，都不会被世

---

[1] 参见陈平原《作为话题的北京大学——老北大的故事之七》，《读书》1998年5期。

[2] 1938年6月，陈寅恪撰《蒙自南湖》："景物居然似旧京，荷花海子忆升平。桥边鬓影还明灭，楼外笙歌杂醉醒。南渡自应思往事，北归端恐待来生。黄河难塞黄金尽，日暮人间几万程。"1945年8月10日，重庆国民政府中央电台广播了日本无条件投降的消息。陈寅恪闻知胜利消息，悲喜交集，当即赋诗一首："降书夕到醒方知，何幸今生见此时。闻讯杜陵欢至泣，还家贺监病弥衰。国仇已雪南迁耻，家祭难忘北定诗。念往忧来无限感，喜心题句又成悲。"（《乙酉八月十一日晨起闻日本乞降喜赋》）参见《陈寅恪集·诗集》，第24页、49页，北京：三联书店，2001年。

人讥讽。陈岱孙曾感叹："我们有的时候是否有些把西南联大的历史神话化了？"[1] 答案是肯定的，以老校友的回忆为主导，加上当地政府的大力策应，必定偏于溢美。更何况，今人之谈论西南联大，某种程度上是将其作为一面镜子，来观照今天的中国大学。因此，不仅仅是怀旧，更重要的是反省——反省21世纪中国的"大学之道"，到底该往哪儿走。在这个意义上，联大校友发起的对于联大历史的抢救，既寄托了他们的个人情怀，也日渐成为中华民族的集体记忆。

"西南联大"之成为热门话题，是最近这十几年的事。最早描述联大生活的书，当属1946年西南联大学生出版社刊印的《联大八年》[2]。此后的四十年，几乎没有什么动静；有一部长篇小说《未央歌》（鹿桥著），但也只是在台湾及香港流行。一直到上世纪80年代，当年的联大学生陆续退休，加上整个环境变化，西南联大的历史记忆方才逐渐发酵。1984年西南联大北京校友会创办《西南联大北京校友会简讯》（至今已出42期），对于凝聚校友、组

---

[1] 陈岱孙：《肯定历史放眼未来（代序）》。
[2] 上世纪六七十年代，香港神州图书公司曾影印此书，改名《抗战中的西南联合大学》。可惜该书印刷效果很差，若不对照原本，很多字句根本无法辨认。

织活动起了很大作用。而以下图书的刊行更是功不可没：《学府纪闻·国立西南联合大学》（台北：南京出版社有限公司，1981年）、西南联合大学北京校友会编《笳吹弦诵在春城——回忆西南联大》（云南人民出版社、北京大学出版社，1986年）、西南联合大学北京校友会校史编辑委员会编《国立西南联合大学校史资料》（西南联合大学北京校友会刊印，1986年）、西南联合大学北京校友会编《笳吹弦诵情弥切——国立西南联合大学五十周年纪念文集》（中国文史出版社，1988年）、政协四川省叙永县委员会文史资料委员会编《叙永县文史资料选辑》第13辑《西南联大在叙永》(1990年)、蒙自师范高等专科学校等编《西南联大在蒙自》（云南民族出版社，1994年）、西南联合大学北京校友会编《国立西南联合大学校史》（北京大学出版社，1996年）。至于北大、清华、南开以及云南师大四校合编的六卷本《国立西南联合大学校史资料》（云南教育出版社，1998年），对于研究者来说，更是不可多得的宝库。

上世纪80年代出版的《笳吹弦诵在春城》和《笳吹弦诵情弥切》，加上为北大校庆九十周年而编撰的《精神的魅力》（北京大学出版社，1988年），这三本书起码让我们明白，关于"大学叙事"，就体例而言，可以是历史，也可以是文学；就立场而言，可以是官方，也可以是民间；就趣味而言，可以是开新，也可以是怀旧。而这对于引领1990年代中国学者及读者的"大学想象"，起了很重要的作用。

于是，大家开始换一种眼光来看西南联大的历史。联大教授的自述（如蒋梦麟的《西潮》、冯友兰的《三松堂自序》、钱穆的《师友杂忆》）、日记（如浦江清《西行日记》及《朱自清日记》《吴宓日记》），以及学生的追忆（如何炳棣的《读史阅世六十年》、许渊冲的《追忆似水年华》、何兆武的《上学记》），还有小说散文（如外文系学生吴讷孙［笔名鹿桥］的《未央歌》、中文系学生汪曾祺的《泡茶馆》《跑警报》《沈从文先生在西南联大》《西南联大中文系》等散文，以及联大附中学生宗璞的长篇小说《南渡记》《东藏记》《西征记》）等，都陆续进入了世人的阅读视野。而张曼菱总编导、总撰稿的《西南联大启示录》（五个光盘加一册小书，北京：人民文学出版社，2003年）、《西南联大人物访谈录》（音像片附同名书，云南教育出版社，2007年）[1]，让联大故事的讲述更为"声情并茂"。至于研究著作，除了本文引述的，值得推荐的还有谢泳的

---

[1] 经过六七年的采访，张曼菱手头保存有100多位联大人物的原始录像资料，剪裁成9碟DVD光盘，收录的访谈对象包括朱光亚、陈省身、杨振宁、李政道、彭佩云、费孝通等21位人物。

《西南联大与中国现代知识分子》（长沙：湖南文艺出版社，1998年）、姚丹《西南联大历史情境中的文学活动》（桂林：广西师范大学出版社，2000年）、王喜旺《学术与教育互动：西南联大历史时空中的观照》（太原：山西教育出版社，2008年）。

先是老校友，后是教育史家，接下来变成一个全民参与的"历史记忆"。联大之所以能吸引大众的关注，不仅仅是闪光的数字，更重要的是动人的故事。经过四十年的遗忘，二十年的发掘，如今恰到好处，该是西南联大"风光"了。大家都在追忆、凭吊那所充满神奇色彩的"大学"，问题在于，从何入手最为合适。

1983年西南联大北京校友会成立，联大中文系教授王力作《缅怀西南联合大学》："卢沟变后始南迁，三校联肩共八年。饮水曲肱成学业，盖茅筑室作经筵。熊熊火炬穷阴夜，耿耿银河欲曙天。此是光辉史一页，应叫青史有专篇。"[1] 毫无疑问，西南联大肯定是"青史有专篇"的，问题是在什么"史"上——是政治史、教育史，还是思想史、学术史？

---

[1] 王力：《缅怀西南联合大学》（手迹），《笳吹弦诵在春城——回忆西南联大》卷首插页。

西南联大的遗址在今天的云南师范大学校园内。1982年，校方在联大遗址建立了"一二·一运动纪念馆"，2004年又在此纪念馆附设了"国立西南联合大学纪念馆"。十多年前，我曾批评《北京大学校史》，称大学史的写法不该是"学生运动"加挂一点"教学与研究"，引起了很大争议[1]。几年前，我撰文分析"清华国学院"的崛起，直言这是一个移步变形的过程："最近二十年，在清华，流行着三套话语，对应着三个故事系统：第一，作为革命话语的闻一多和朱自清的故事；第二，作为学科体制的'清华学派'；第三，作为学术精神的清华研究院。"[2] 同样道理，总有一天，我们会倒过来：应该是"校史馆"附设"一二·一运动纪念馆"，这才顺理成章。

西南联大不是一所一般的大学，从教育史、学术史、思想史、文化史乃至政治史入手深入探究[3]，都能有精彩的发现。读文学的常说，有一百个读者，就有一百个哈姆雷特。谈论中国大学，自然也不例外。面对日渐被"神话"

---

[1] 参见陈平原《大学史的写作及其他》，《读书》2000年2期。
[2] 参见陈平原《大师的意义以及弟子的位置——解读作为神话的"清华国学院"》，《现代中国》第六辑，北京大学出版社，2005年。
[3] 我同意易社强的说法："之所以有必要从历史学的角度研究联大，是因为它在20世纪中叶的中国知识史、文化史和政治史上占据了至关重要的地位。"参见易社强著、饶佳荣译《战争与革命中的西南联大》，第3页。

的西南联大,我的态度颇为骑墙:既欣喜,又惶惑。没错,作为战时中国的最高学府,西南联大在极其恶劣的环境中,取得如此业绩,实在让人振奋。可我担心,一次次充满激情与想象力的"述说",是否会熨平无数"伤疤"与"皱痕",将九年艰苦卓绝的"联大"之路,化简为一个个激动人心的励志故事?但愿这只是我多虑。

国立西南联合大学校门

湘黔滇旅行团在路上

湘黔滇旅行团路经盘江,铁索桥断裂,只能用小船来回摆渡

1938年,闻一多(左)在湘黔滇路上写生

闻一多写生稿·贵州安南县魁星楼

湘黔滇旅行团到达昆明

西南联大校舍鸟瞰

西南联大图书馆

1946年5月4日国立西南联合大学在新校舍图书馆举行结业典礼，梅贻琦代表常委会宣布西南联大正式结束

国立西南联合大学纪念碑

岂止诗句记飘蓬
——抗战中西南联大教授的旧体诗作

抗战八年,中国大学西迁,战火中弦歌不辍,其历史、传说与精神,至今让人追怀不已[1]。其中国立西南联合大学的故事,最为世人传诵,也最被史家关注[2]。想当初,战争还在进行中,谢幼伟就在《抗战七年来之哲学》中断言:"这七年的抗战,并没有阻碍中国哲人的思索,反

---

[1] 参见陈平原《中国大学西迁的历史、传说与精神》,《南方都市报》2014年8月3日。
[2] 相关著述很多,优先推荐以下四种:北京大学等编《国立西南联合大学史料》,昆明:云南教育出版社,1998年;西南联合大学北京校友会编《国立西南联合大学校史》,北京大学出版社,1996年;易社强著、饶佳荣译《战争与革命中的西南联大》,台北:传记文学出版社,2010年;闻黎明《抗日战争与中国知识分子——西南联合大学的抗战轨迹》,北京:社会科学文献出版社,2009年。

而,使他们的思索更为敏锐了。"[1] 我在《永远的"弦歌雅诵"——关于西南联大的历史、追忆及阐释》中添了一句:"哲学研究如此,史学、文学、语言、宗教等领域,何尝不是这样。若联大教授汤用彤的《汉魏两晋南北朝佛教史》、陈寅恪的《隋唐制度渊源略论稿》、钱穆的《国史大纲》、雷海宗的《中国文化与中国的兵》等,都是不可多得的一代名篇。战争没有完全阻隔学术,反而激起中国学术的强大生命力,这点很让人欣慰。"[2]

可是,单单开列战时西南联大教授所取得的学术成绩[3],还是远远不够,我更关心的是读书人的思想与情怀。不说离开西南联大后成为著名小说家或诗人的青年教师(钱锺书、穆旦),也不谈走出校园后以文学笔调重塑精彩的校园生活的诸多学生(如鹿桥、汪曾祺、宗璞),就限制在当年的写作,而且是教授的著述。

---

[1] 谢幼伟:《抗战七年来之哲学》,初刊《文化先锋》3卷24期,收入贺麟《当代中国哲学》作为附录(第143—155页),南京:胜利出版公司,1945年。

[2] 陈平原:《永远的"弦歌雅诵"——关于西南联大的历史、追忆及阐释》,(台湾)《政大中文学报》第16期,2011年12月。

[3] 参见易社强《战争与革命中的西南联大》第三部分"谆谆教诲,济济良师"、闻黎明《抗日战争与中国知识分子》第六章"学术参战",以及杨绍军《战时思想与学术人物——西南联大人文学科学术史研究》,北京:社会科学文献出版社,2012年。

先读四则序跋,看教授们在其著作中透露出来的心境。

1939年6月,钱穆完成了《国史大纲》,写下《书成自记》,称抗战全面爆发后自己随校南迁,讲学昆明:"自念万里逃生,无所靖献,复为诸生讲国史,倍增感慨。""平生撰述,每不敢轻易发布。……至于此书,独有不然。若自秘藏,虽待之十年终不能定。而暴寇肆虐,空袭相随,又时时有焚如之虑,因率尔刊布。"[1]这两段话必须合起来看,前者乃著述时的感触,后者则牵涉战火中读书人的命运。

无独有偶,1940年4月,大病初愈的陈寅恪,在昆明为《隋唐制度渊源略论稿》写下感慨万千的"附论":"寅恪自惟学识本至浅陋,年来复遭际艰危,仓皇转徙,往日读史笔记及鸠集之资料等悉已散失,然今以随顺世缘故,不能不有所撰述,乃勉强于忧患疾病之中,故就一时理解记忆之所及,草率写成此书。命之曰稿者,所以见不敢视为定本及不得已而著书之意云尔。"[2]生逢乱世、流徙四方的陈寅恪先生,时刻面临着死亡的威胁,不能不更多考虑如何将平生所学,用最便捷的手法,尽可能保存下来。在

---

[1] 钱穆:《国史大纲·书成自记》,《国史大纲》上册,北京:商务印书馆,2010年。
[2] 陈寅恪:《隋唐制度渊源略论稿》,第158页,上海古籍出版社,1982年。

致傅斯年及致刘永济信中,陈寅恪表达了与死神争速度并最终获胜的悲喜交集[1]。这种心情,非设身处地,很难深刻体会。

为女儿筹措西行求学的路费,郑天挺决定刊行《清史探微》[2];此书收文12篇,1945年4月12日撰写的"叙目"称:"独念南来以还,日罕暇逸,其研思有间恒在警报迭作、晨昏野立之顷,其文无足存,而其时或足记也。"[3]谈及警报声中的著述,可将郑天挺1943年1月26日为罗常培《恬盦语文论著甲集》所写的序言纳入视野:"余与莘田生同日,长同师,壮岁各以所学游四方,又多与共,知其穷年兀兀殚竭之所极;每深夜纵论上下古今,亦颇得其甘苦。……病中三逢警报,余固莫能走避,而莘田亦留以

---

[1] 参见《陈寅恪集·书信集》,第73页、244—246页,北京:三联书店,2001年;以及陈平原《学者的幽怀与著述的体例——关于〈陈寅恪集·书信集〉》,《读书》2002年1期。

[2] 1943年郑天挺因长女由北平来昆明念大学,被困洛阳,借钱以佐路费,此书用以偿还欠债;1946年长女西南联大外文系毕业,北上复校途中飞机失事死于济南,时年23岁。参见《郑天挺学记》,第394—395页,北京:三联书店,1991年。

[3] 郑天挺:《清史探微》,南京:独立出版社,1947年再版。此"序目"在1999年北京大学出版社增订版《清史探微》中改称《原序》。

相伴，古人交情复见今日，序成归之，有余愧焉。"[1] 如此生死与共的友情，确实让人敬佩；更让人惊叹的是环境的恶劣，以及教授们对学问的虔诚与珍爱。

要说压在纸背的心情，除了在著述序跋中偶尔流露，更多且更直接的表现，其实是日常吟咏的旧体诗作。这些诗作，当初很少公开发表，而是在师友间传抄与流播，只是在作者去世多年后，方才陆续整理刊行。陈寅恪《庚辰元夕作时旅居昆明》诗云："念昔伤时无可说，剩将诗句记飘蓬。"[2] 在我看来，这些诗作不仅仅记录下当事人在特定岁月的艰辛生活，更是那个时代中国读书人的心灵史。因此，不纯然是文学问题，更多地牵涉中国的政治、思想、教育、文化等，值得今人仔细品鉴。

本文选取陈寅恪（1890—1969）、吴宓（1894—1978）、朱自清（1898—1948）、潘光旦（1899—1967）、浦薛凤（1900—1997）、魏建功（1901—1980）、浦江清（1904—1957）、萧涤非（1906—1991）等八位西南联大教授抗战期间的旧体

---

[1] 郑天挺：《〈恬盦语文论著甲集〉序》，初刊《图书月刊》三卷一期，1943年11月；见北京大学出版社增订版《清史探微》，第166—167页、以及《罗常培文集》第八卷，第7页，济南：山东教育出版社，2008年。

[2] 《庚辰元夕作时旅居昆明》，《陈寅恪集·诗集》，第29页，北京：三联书店，2001年。

诗作，取"诗史"的角度加以考察与解读，且尽可能对照其日记、书信及专业著述，说明诗中如何体现了中国学人的心境；同时，追问旧体诗能否承担起战时联大教授于流徙中"书写战争"的使命。

一、漂泊西南多唱酬

1991 年，魏建功的儿子魏至在整理父亲遗物时，发现其抗战时期的遗诗二十题四十首，于是装裱成册，恭请父亲生前好友题词留念。此《独后来堂十年诗存（附跋语）》，初刊南京师范大学编印的《文教资料》1996 年 4 期。诸多跋语中，魏建功西南联大时期的同事、著名诗人冯至的小诗最为精彩："红楼十载成长忆，漂泊西南多唱酬；浩荡滇池春色好，感君邀我泛轻舟（一九三九年春与建功学长泛舟滇池，畅谈今古，因题《独后来堂十年诗存》）。"[1] 很可惜，江苏教育出版社 2001 年刊行《魏建功文集》时，为求体例的统一，仅收录《独后来堂十年诗存》，而删去了冯至等人的题跋[2]。

---

[1] 参见《独后来堂十年诗存（附跋语）》，《文教资料》1996 年 4 期，第 50 页。
[2] 参见《魏建功文集》第五卷，第 619—627 页，南京：江苏教育出版社，2001 年。

虽然是北大先后同学兼同事，真的是"红楼十载成长忆"；可到目前为止，我们并没有发现魏、冯二君唱酬的诗篇。所谓"漂泊西南多唱酬"，并非写实，更多的是勾勒那个时代读书人的交往方式及精神氛围。那么，到底是谁在这烽火连天中吟咏诗句、互相唱和呢？就以这八位西南联大教授为例，从其存世诗集中钩稽，复原其唱和的对象。这里依据的版本分别是：《陈寅恪集·诗集》，北京：三联书店，2001年；《吴宓诗集》，北京：商务印书馆，2004年；《犹贤博弈斋诗钞》，载《朱自清全集》第五卷，南京：江苏教育出版社，1996年；《铁螺山房诗草》，载《潘光旦选集》第四集，北京：光明日报出版社，1999年；《太虚空里一游尘——八年抗战生涯随笔》，即《浦薛凤回忆录》中册，合肥：黄山书社，2009年；《独后来堂十年诗存》，载《魏建功文集》第五卷，南京：江苏教育出版社，2001年；《浦江清文录》（附录"诗词"），北京：人民文学出版社，1989年；《有是斋诗草》，载《萧涤非杜甫研究全集附编》，哈尔滨：黑龙江教育出版社，2006年。

同是写诗，可以独自吟咏，也可以师友唱酬，这更多的是个人写作习惯，不牵涉艺术水平高低。但如果从社会学角度切入，统计各家唱和情况，则可看出其人际交往，以及自我表达的倾向、趣味与能力。以下统计各位学人的寄赠及唱酬对象，局限于抗战期间：

陈寅恪——吴宓、刘永济、容肇祖、杨树达，此外还有妻子唐筼；

吴宓——陈寅恪、朱自清、萧公权、刘永济、潘伯鹰、缪钺、李思纯、容肇祖、浦江清、林同济、胡小石、毛子水、汪懋祖、钱锺书、徐震堮、徐梵澄、庞俊、赵紫宸、陈柱、金毓黻、常乃惪、胡步川，此外，还有学生辈的张志岳、赵仲邑、周珏良、李赋宁、张尔琼、张敬等；

朱自清——萧公权、浦薛凤、孙晓孟、叶圣陶、潘伯鹰、俞平伯、李铁夫、陈福田、杨振声、陈岱孙、夏丏尊、丰子恺、程千帆、潘光旦等；

潘光旦——赵文璧、修中诚、陈福田、李琢庵等；

浦薛凤——陈寅恪、吴宓、萧公权、浦江清、王化成、孙晓孟等；

魏建功——老舍、沈兼士、唐兰、鲁实先等；

浦江清——朱自清、吴宓、施蛰存、容肇祖、王季思、徐震堮、杨业治、游国恩、李安宅[1]，此外还有岳父张琯成；

萧涤非——游国恩、闻一多、朱自清等。

对于关注中国现代文学或学术史的人来说，名单中的大部分名字都很熟悉，需略加注解的，恐怕还不是油画家李铁夫、书法家潘伯鹰，而是原清华大学教授、抗战后漂泊西南的孙晓孟（即孙国华，心理学）、王化成（政治学）、杨业治（德国文学）、浦薛凤（政治学）、萧公权（政治学）。萧西行后转任四川大学教授，浦则先任西南联大政治学系教授，1939 年 3 月起改任国防最高委员会参事。

陈寅恪眼界甚高，除了几个真正懂诗的老友，不太爱同别人唱和。作为政治学教授，浦薛凤很有自知之明，喜欢唱酬，但不出诗集，只在回忆录中不断引述自家诗作。魏建功、萧涤非二位存世的诗作不多，且交流也不是很广。真正称得上"漂泊西南多唱酬"的，当属吴宓、朱自清、浦江清二位。至于潘光旦，除了给外文系教授陈福田赠行，其他几位赠诗者，赵文璧是他的学生，李琢庵是实

---

[1] 浦江清诗中提及西南联大同事汤用彤、钱穆、闻一多、闻宥、余冠英等，但未说是否唱和，故不列入。

业家,修中诚则是来访的牛津大学汉学家[1]。除了1946年仲夏撰《楚子图南古苍璧歌》,潘光旦似乎不怎么跟学界同人唱和。也正因此,大家不知道著名优生学家、心理学家潘光旦会写诗——而且写得很好。1992年群言出版社刊行其手迹影印的线装本《铁螺山房诗草》,博得阅读趣味颇佳的欧洲问题专家陈乐民大声叫好,称没想到潘光旦竟然"是一个不是诗人、胜似诗人的诗人"[2]。大概只有朱自清慧眼识英雄,在1945年所撰的《〈铁螺山房集〉赠主人》中,早有这么一句评语:"小诗坦率见世情,烟斗陆离征雅癖。"[3]

稍作分析,很容易发现,陈寅恪等人的唱酬对象,第一,没有权贵人物,绝大多数是大学教授;第二,基本上

---

[1] 陈流求、陈小彭、陈美延著《也同欢乐也同愁——忆父亲陈寅恪母亲唐筼》(北京:三联书店,2010年)提及,1943年陈寅恪在广西大学讲学时,牛津大学中国宗教与哲学高级讲师修中诚(Ernest Richard Hughes, 1883—1956)来访,和陈寅恪商谈其去牛津工作的构想,双方谈得很愉快(第171页)。

[2] 参见陈乐民《茶烟香袅逗高歌——从潘光旦〈铁螺山房诗草〉想到的》,《读书》1992年7期;又见潘乃穆等编《中和位育——潘光旦百年诞辰纪念》,第426—429页,北京:中国人民大学出版社,1999年。

[3] 《〈铁螺山房集〉赠主人》,见《朱自清全集》第五卷,第327页,南京:江苏教育出版社,1996年。另,朱自清1945年5月20日日记称"开始写一首诗",第二天"下午写成诗《铁螺山房集赠主人》",参见《朱自清全集》第十卷,第346页,南京:江苏教育出版社,1997年。

是漂泊西南的教授，很少与仍在沦陷区生活者唱和[1]；第三，热衷于咏怀、寄赠、唱和的，以文科（尤其是中文系）教授为主，理工科教授极为罕见[2]。

至于为什么相互唱酬，除了共同的文学兴趣，感情交流与相互慰藉或许是更重要的因素。1939年春，陈寅恪作《己卯春日刘宏度自宜山寄诗……》，开篇就是："得读新诗已泪零，不需藉卉对新亭。"[3]这里提及的刘永济新诗，以及陈寅恪、吴宓的和诗，均收录在《吴宓诗集》中。除了"万里乾坤、百年身世"的共同感慨，还有就是战乱中老朋友间的相互牵挂[4]。与此类似的，有浦江清1940年作《蛰存自闽中来书却寄》："人事久萧索，苍茫残岁催。故人一叶书，暖我心头灰。……"[5]浦、施两人本是同乡、

---

[1] 朱自清的"寄怀俞平伯"属于例外。生活在北平的文人学者，同样有自己的唱和圈子，跟漂泊西南的教授不怎么重叠。这与诗文唱酬需要有某种实际交往有关；即便不怎么见面，书信来往总是需要的。

[2] 西南联大化学系教授黄子卿是个特例，抗战中他写了不少旧体诗，还经常带着诗作向中文系教授游国恩请教。可惜的是，这册手抄本诗集，"文革"中不得已烧毁了，只留下了三首。参见黄志洵《忆黄子卿教授》，《箫吹弦诵情弥切》，第247—249页，北京：中国文史出版社，1988年；以及《游国恩先生学谱》，《游国恩楚辞论著集》第四卷，第411页。

[3] 陈寅恪：《己卯春日刘宏度自宜山寄诗……》，《陈寅恪集·诗集》，第27页。

[4] 刘、陈、吴三诗，载吴学昭整理本《吴宓诗集》，第344—345页，北京：商务印书馆，2004年。

[5] 见《浦江清文录》，第311页，北京：人民文学出版社，1989年。

同学，从小学到中学十年间朝夕相处，抗战初期又在昆明重逢，而今施蛰存转往福建长汀的厦门大学任教，仍不忘"寄我闽游诗"，难怪浦江清大为感慨。更让人意想不到的是，两年后，浦从上海辗转回昆明，路过长汀时，还有机会与老友畅谈[1]。

漫长的战争岁月，除了应对频繁的敌机轰炸，还有生活资料的极度匮乏，以及精神上的迷茫与颓唐。这个时候，朋友间的相互支持是共渡难关的关键。单读诗文，或许以为此乃古已有之的"为赋新诗强说愁"，看当年的档案资料，以及吴宓、朱自清、浦江清的日记，明了诸多生活细节，方能真正体会那一代读书人刻骨铭心的情谊。

1939年2月5日，敌机18架轰炸广西宜山，浙江大学十数间房舍被毁，此乃浙大迁往贵州的契机。获悉此消息，吴宓作《寄慰宜山国立浙江大学（二月五日被敌机炸毁）诸知友》，第一首是：

> 风云欣盛会，炮火忽飞灾。
> 黉舍成焦土，图书付劫灰。

---

[1] 参见浦江清《清华园日记·西行日记》，第169—173页，北京：三联书店，1987年；施蛰存《〈浦江清文史杂文集〉序言》，《浦江清文史杂文集》，北京：清华大学出版社，1993年。

天心矜众士，国命系真才。

远处吾滋愧，崎岖未共陪。

第二首用了三部章回小说的典，又有类似口号的"艰难惟创业，团结赖精诚"，不是很理想。但诗人"除夜泪纵横"的心情，总算是淋漓尽致地表达出来了。需要说明的是，这个时候的吴宓，正准备辞去西南联大教职，转任浙江大学教授。这一段时间的吴宓日记恰好丢了，但我们从前后两首诗作不难获悉——先是"回首昆明一泫然"，后又"艰难共济负盟寒"。至于爽约的缘故，1939年3月17日日记中有比较详细的记载（摘录给浙大的长函）[1]。也正因平日多有交往，对浙大及浙大同人的命运格外关注，一见报载浙大被炸，当即赋诗寄怀。

《浦江清文录》中收有《过南平病疟，喜遇声越、季思，匆匆别后却寄》，以及《同题另成五律一首》，当事人之一王季思日后追忆："1942年，我和声越先生随浙江大学龙泉分校迁居福建南平。他自屯溪沿浙赣路南下，也到了南平，相见惊喜。战时道路艰苦，他疟疾新愈，形容憔悴，

---

[1] 参见《辞清华赴浙大将离昆明感成一律》和《仍留联大寄谢浙大诸知友》，载《吴宓诗集》，第361页；《吴宓日记》第七册，第4—5页，北京：三联书店，1998年。

而一灯相对,剧谈甚至深夜。"[1]这么说还是不够具体,必须跟浦江清的《西行日记》对读,才能理解为何是"千里经行近战场,几穿锋镝到康庄;来觌君子真成疟,喜见故人欲梦乡"[2];以及什么叫"弦诵飘行李,干戈入鬓华;山头同一宿,晓梦各天涯"[3]。浦江清1942年5月29日从上海出发,穿过日军封锁线,迂回辗转,11月21日抵达昆明,日记中称:"在途凡一百七十七日,所历艰难有非始料所及者。"[4]困守屯溪三月之后,好不容易重新上路。来到了人生地不熟的福建南平,见街上贴有"浙大"二字,加以箭头指路,居然找到了老朋友徐震堮和王季思的住所,双方都大为惊喜。日记中载,因发热已过,浦"在王君处得奎宁二片服之";老友彻夜长谈;第二天一早,"徐君出其新近诗稿一册示余,方读而紧急警报来";"晚徐君请客,在一小饭馆,酒菜及饭费五十余元,菜有狮子头等,近家乡风味";"辞出,至党部取衣被,声越、季思在山头执火把送别"[5]。此情此景,当事人固然终身难忘,后来者

---

[1] 王季思:《〈浦江清文录·诗词〉序》,《浦江清文录》,第293页。
[2] 《过南平病疟,喜遇声越、季思,匆匆别后却寄》,《浦江清文录》,第316页。
[3] 《同题另成五律一首》,《浦江清文录》,第316页。
[4] 浦江清:《清华园日记·西行日记》,第198页。
[5] 参见浦江清《清华园日记·西行日记》,第156—158页。

也会感慨系之。

读朱自清抗战期间的日记，多是让人郁闷的事。大局混乱，工作繁忙，生活窘迫，加上胃病时发，朱自清不免多言病苦[1]。好在老友叶圣陶多方劝慰，方才有"天上重开新日月，人间无限好江山"之类的"好语自娱"[2]。自强不息的朱自清，也有心情舒畅的时候，比如1942年9月24日，那天是中秋节，朱自清同梅贻琦、陈岱孙、李继侗到郊区小住，且夜访周培源，互有唱酬，此事梅贻琦及朱自清的日记均有记载[3]。收入《犹贤博弈斋诗钞》的，有作于9月25日的《中秋从月涵先生及岱孙、继侗至积翠园培源寄居，次今甫与月涵先生倡和韵》，四首之一：

> 天南独客远抛家，容易秋风惜晚花。
> 佳节偶同湖上过，无边朗月伴清茶。

---

[1] 余冠英：《佩弦先生的性情嗜好和他的病》（《文学杂志》三卷五期，1948年10月）提及："近十年来他的心境确是常常不舒"，"也许在他胃病较重的时期他常常想到死"。

[2] 《圣陶颇以近作多苦言为病，试为好语自娱，兼示圣陶、公权，三叠颜字韵》，《朱自清全集》第五卷，第254页。

[3] 参见《梅贻琦日记（1941—1946）》，第107—108页，北京：清华大学出版社，2001年；《朱自清全集》第十卷，第199—201页。

还有作于 10 月 1 日的《叠前韵赠今甫》,四首之四:

> 北望燕云旧帝家,宫墙西畔菊堆花。
> 相期破虏收京后,社稷坛前一盏茶。[1]

如此轻松与明亮,在同一时期朱自清的诗作及日记中,殊为难得。

乱离之际,蒿目时艰,教授们之所以"漂泊西南多唱酬",一是思接千古,慰藉平生;二是修养在此,积习难改;三是友情支撑,互相宽慰。至于"文学业绩"云云,恐怕不是其主要考虑的因素。

二、百一篇成聊自遣

1930 年代的中国诗坛,新诗已经成为主流,旧体诗虽还有很多作者与读者,但相对来说边缘化了。尤其是在出版方面,发表新诗的机会要比刊行旧体诗多得多。抗战军兴,因现实环境的刺激,也因出版条件的限制,不追求公开发表的口头吟咏及友朋唱酬,重新成为时尚。很多平日

---

[1] 见《朱自清全集》第五卷,第 302—303 页。

不写诗的学者，也都偶尔参与唱和；而不少原先写作新诗的，也都开始尝试旧体诗作。其中有诗学方面的考量，如朱自清表扬萧涤非的诗作[1]，将其《早断》《早汲》《答朱先生问》等推荐给潘伯鹰主编的《饮河》诗刊发表；也有发表诗作的目的是为了知会友朋、沟通信息，如吴宓1938年10月29日日记称："宓前数日已预作成《离蒙自赴昆明》诗，并投昆明《朝报》。登出后，在昆明友生谓宓已至，有来寻访者。"[2] 而更多的是兼及"美学""友情"与"仪式"[3]。其实，传统中国诗学讲究"兴观群怨"，这"群"的意味，或称"群居相切磋"（孔安国），或注"和而不流"（朱熹），注重的是友情、修养与趣味，与现代人所说的"文学成就"关系不大。可以这么说，抗战期间，凡写新诗的，大都是为了公开发表（在群众聚会上朗诵或在报纸杂志刊载）；而写旧体诗的，则多满足于自娱，或只在小圈子里传阅。

---

[1] 朱自清1943年2月15日日记称："见萧涤非所作诗，其句律甚好。"1944年6月10日日记又曰："读涤非的诗，寓意甚好，颇有陈后山诗的风味。"见《朱自清全集》第十卷，第226页、294页。
[2] 参见《吴宓日记》第六册，第368页，北京：三联书店，1998年。
[3] 梅家玲曾专门讨论"以诗赠答"之风的源起和《赠答诗》的酝酿成形，特别强调其展示的是"精英团队""仪式行为"与"象征符号"，参见《汉魏六朝文学新论——拟代与赠答篇》，第101—157页，北京大学出版社，2004年。

喜欢吟咏,那是自己的事,没必要敲锣打鼓广而告之。老朋友知不知道,不要紧,只要自己喜欢就行。李霁野《题建功遗诗》:"建功之子魏至携其父遗诗一册来舍,请我题文留念。我原不知建功生前写过诗,因为他从未说过。"而魏至在"题记"中则称父亲"晚年,心情寂寥,每读旧笺,辄老泪纵横,不能自已"[1]。如此为自己而吟诗,好处是真情实感,不造作;缺点则是用心不够,且很容易遗失。

读冯友兰《回忆朱佩弦先生与闻一多先生》,我们才知道 1937 年底,北大、清华、南开三校组成的长沙临时大学开学,冯拜谒南岳二贤堂,想起晋人宋人的南渡,深有感触,于是吟诗一首:

洛阳文物一尘灰,汴水纷华又草莱;
非只怀公伤往迹,亲知南渡事堪哀。[2]

如此情怀,与抗战胜利后撰写《国立西南联合大学纪念碑碑文》,可谓一脉相承。读陈寅恪、吴宓、浦江清等人诗

---

[1] 参见《独后来堂十年诗存附跋记》,《文教资料》1996 年第 4 期,第 50 页、41 页。
[2] 冯友兰:《回忆朱佩弦先生与闻一多先生》,《文学杂志》三卷五期,1948 年 10 月。

作，可知西南联大哲学系教授容肇祖喜欢与他们诗词唱和，可今天刊行的八卷本《容肇祖全集》（济南：齐鲁书社，2013年）中却不见踪影。中文系教授刘文典学识渊博，文章趣味也不错，1944年吴宓撰《续感事》四首，还专门请他帮助修改[1]，可见其在校园里颇有诗名。可《刘文典全集》的编者搜求了很长时间，只得诗十三首，且多为《无题》或《有感》，一看就是根据手稿或传抄辑录的。刘文典会写诗，诗风苍凉激越，工丽典雅[2]，可惜存世极少。另一位古典文学教授游国恩，1938—1942年在云南大理县喜洲镇的华中大学任教，1942年秋起才转到西南联大。"先生在喜洲四年，正是日寇大肆侵华，大部分国土沦丧之时，先生忧心国事，经常写作旧诗，将忧愤之情寄托于诗篇；连同后来在昆明写的诗，总共有一百多首。这些诗除少数发表外，多半送给友人，有的学生还借去全部抄录；

---

[1] 参见《吴宓日记》第九册，第298页，北京：三联书店，1999年；以及《吴宓诗集》，第394页。

[2] 南下途中，刘文典撰《有感》："故国飘零事已非，江山萧瑟意多违。乡关烽火音书断，秘阁云烟内籍微。岂有文章千载事，更无消息几时归。兰成久抱离群恨，独立苍茫看落晖。"见《刘文典全集》第三卷，第693页，合肥：安徽大学出版社、昆明：云南大学出版社，1999年。

但经过'文化大革命',这些诗保存下来的为数很少。"[1]除了《游国恩先生学谱》所引的《哭佩弦先生》(已刊),在《浦江清文录》及《萧涤非杜甫研究全集附编》还留下了四首唱和之作[2]。这些"潜在的诗人",其诗才之所以被世人忽视,是因为他们本来就志不在此,或以专业著述为重,或以公务活动优先。

最能体现这一"无意为诗人"的立场的,莫过于潘光旦的《四四生朝述怀》四首之四:

> 废时失事是吟哦,庭训昭垂信不磨。
> 纵乏才情犹有骨,若婴忧患亦能歌!
> 惯谈风月由人去,好讽时流奈尔何。
> 百一篇成聊自遣,秋光容易叹蹉跎。[3]

---

[1] 游宝谅:《游国恩先生学谱》,《游国恩楚辞论著集》第四卷,第407页,北京:中华书局,2008年。另外,游珏、游宝谅撰《〈游国恩学术论文集〉跋》,提及"父亲善辞章,喜写旧诗。每逢重大历史事件发生或感情异常激动,均有诗作。……可惜绝大多数的诗稿都不复存在了。幸好文集中还保留了一篇《论写作旧诗》的文章。"见《游国恩学术论文集》,第602页,北京:中华书局,1989年。

[2] 参见《浦江清文录》,第319页;《萧涤非杜甫研究全集附编》,第30页、40页、149页,哈尔滨:黑龙江教育出版社,2006年。

[3] 此诗写于1943年8月,载《潘光旦选集》第四集,第571页,北京:光明日报出版社,1999年。

这里的关键是修养与兴趣。所谓"修养",那一辈学人,大都在青少年时期认真学过诗,只是后来成为专门家,不再用力于此。因乱战而漂泊西南,反而勾起了长期被压抑的"诗趣"。政治学教授浦薛凤谈及自己为何联大时期吟诗最多:"予在清华读书时,本好吟咏。近来诗兴颇浓,实物极则反,新新旧旧,常多起伏变化?"[1]另一位政治学教授、此时已转赴四川大学任教的萧公权,则称自己从小就喜欢吟咏,在清华任教时结识吴宓,"经他的启发和感召,我分出时间再度努力于学诗";入川后更是经常西抹东涂,"但始终不曾想做诗人,更不敢以诗人自命"——"我学做诗,完全是由于喜爱这'劳什子'。此外并没有任何原因或动机。"[2]

教授们大都"术业有专攻",不以诗人自命,其随意挥洒,不拘格套,有时反而别有一番风味。若潘光旦的《病目遣怀》、萧涤非的《吊〈古诗归〉》以及魏建功的《杂诗用中华新韵》[3],都属于此类潇洒的好诗——后者的第九

---

[1] 参见《浦薛凤回忆录》中册,第 144 页,合肥:黄山书社,2009 年。
[2] 参见萧公权《问学谏往录》,第 147 页、169 页,台北:传记文学出版社,1972 年。
[3] 参见《潘光旦选集》第四集,第 555—556 页、《萧涤非杜甫研究全集附编》,第 37 页,以及《魏建功文集》第五卷,第 623—624 页。

首[1]，很容易让人想起其早年参与的歌谣运动。

若着眼于为何写诗，以及如何处理吟诗与著述的关系，特别值得辨析的，是陈寅恪、吴宓、朱自清三位。

无论政治立场、个人著述还是诗歌吟咏，陈寅恪都有充分的自信，故其不太受外界风气的影响，一直按自己的步伐及节奏走。在那个烽火连天的年代，颠簸流离之中，还能有这么多好诗篇，以及《隋唐制度渊源略论稿》《唐代政治史述论稿》《元白诗笺证稿》等著述，如此鱼与熊掌兼得，实在了不起。单就著述与吟诗互不相碍这一点而言，大概只有前清华同事萧公权可以稍为媲美[2]。陈家三代诗人，寅恪先生完全有理由自负；而当年的同事及朋友，对此也都心悦诚服。若吴宓评陈寅恪《七月七日蒙自作》"音调凄越而技术工美，选词用字均极考究"；浦薛凤也称"寅恪天分最高，所作绝出凡响，我确心折"[3]。

---

[1] "不寄家书为绝愁，愁来怕看水东流。东流极目滔滔下，家在滔滔水尽头。"见《魏建功文集》第五卷，第624页。
[2] 萧公权称自己此前此后写了两百多首诗，而成都九年竟然写了五百多首。"如果《中国政治思想史》可以说是'漂泊西南'的第一个收获，这些诗可以说是我的第二个收获。几位文学修养深厚的朋友鼓励我，与我唱和。我自知望尘莫及，但又欲罢不能。最令我感谢难忘的是朱佩弦（自清）教授。"参见萧公权《问学谏往录》，第137页。
[3] 参见《吴宓日记》第六册，第338页，《浦薛凤回忆录》中册，第156页。

相对而言，14岁开始学诗的吴宓，其诗才远不及陈寅恪，但这并不妨碍他一辈子沉湎于作诗与读诗。那是因为，他把诗歌当生命来经营。1926年编订《雨僧诗稿》时，吴宓作《编辑例言》："窃尝谓人之一生，总当作成诗集一册、小说一部。一以存其主观之感情，一以记其客观之阅历。"[1]虽多次谈及撰写长篇小说的计划，但最后都落了空；其诗集因而也就兼及记录阅历的功能了。1935年中华书局版《吴宓诗集》的《刊印自序》有云："若予之诗，则终未脱'自身之写照'之范围，此乃性行之自然趋势，未可强致。故予之诗集，不啻即为予之自传。"[2]后一句吴宓自己还加了圈圈，表示特别重要。时人一般也都认同吴宓的自我描述，将其诗作当"自传"来阅读。如诗友浦薛凤便称："各人作诗，恰如其人。天分高低，诚不可勉强，而性情之差异，在词句音韵中，尤一读可知。譬如雨僧之诗百首千篇，完全是雨僧人格之化身。"[3]按照这个思路，1935年自编《吴宓诗集》，以及2004年女儿吴学

---

[1] 见《吴宓诗集》，第2页。
[2] 见《吴宓诗集》，第4页。
[3] 参见《浦薛凤回忆录》中册，第155页。

昭整理本《吴宓诗集》,均采用"有作必录"的策略[1]。只是原先设想的"予编订诗稿之目的,则为专供一己之展读,重溯昔来之旧梦",则近乎"大言欺世",因《吴宓诗集》早早就公开刊行,与陈寅恪等过世后才由后人整理发布形成鲜明对比。只是在"予作诗之动机,为发泄一时之感情,留存生涯之历史"这一点上,吴宓说的是老实话[2]。此后几十年,吴宓以其丰饶而芜杂、可互相印证的诗集与日记,为自己曲折坎坷的一生、也为这个波澜壮阔的大时代,留下了值得后人仔细辨认、深入剖析的面影。在这个意义上,诗人吴宓的吟诗与生活是统一的。至于这些"苦吟"的诗篇成就高低,其实不必苛求。

在"漂泊西南多唱酬"的诸多学者中,心情最复杂、可谓五味杂陈的,当属朱自清。首先,这是一个著名的新诗人物,包括写作、研究与教学;而影响深远的《中国新文学大系》,其中《诗集》一册,也正是朱自清所编(包括撰写日后常被引用的"导言")。这样一个提倡新诗的"标志性人物",竟然在抗战期间改写旧体诗了,说起来还

---

[1] 《刊印自序》称:"此集编辑体例,有作必收。原待高明读者自为甄选去取,非敢谓集中之诗皆具可存之价值也。"另外,参见吴学昭《整理后记》,见《吴宓诗集》,第5页、527页。
[2] 参见1926年所作《编辑例言》,《吴宓诗集》,第2页。

是有点尴尬。抗战前十年，因教学古典诗文的需要，清华中文系教授朱自清已向黄节学诗，且从"拟古"入手；黄节对其课业的批示是："逐句换字，自是拟古正格。"[1] 对此，其他新文化人是不太以为然的。朱自清1934年6月9日的日记有云："上午访〔郑〕振铎，振铎谈以'五四'起家之人不应反动，所指盖此间背诵、拟作、诗词习作等事。"[2] 好在朱自清守住一点，那就是只"习作"，不公开发表。这些"拟古"作品，题为《敝帚集》；抗战以后写的，则是《犹贤博弈斋诗钞》——如此命名，可见作者的态度。后人为了阅读方便，将其新诗与旧诗合刊，明显违背作者的意愿。在朱自清看来，前者是"文学创作"，后者则属于"自娱"，可作为生命的纪念，没必要公开发表[3]。

1946年7月，即将北归的朱自清编定《犹贤博弈斋诗钞》，其《自序》交代早年如何因"僭大学说诗之席"，而痛感"声律对偶，劣得皮毛"，开始发愤学诗；抗战西迁，师友唱酬，"其间独咏写怀，联吟记胜，偶有成篇，才堪

---

[1] 参见《朱自清全集》第五卷，第138页。
[2] 见《朱自清全集》第九卷，第298页。
[3] 这里鲁迅的态度值得注意。正如许广平说的，"迅师对古诗文虽工而不喜作。偶有所作，多应友朋邀请，或抒一时性情，亦每随书随弃，不爱拾集"。参见魏建功《关于鲁迅先生旧体诗木刻事及其他》，《魏建功文集》第五卷，第547—551页。

屈指，盖其诗功之浅，有如是者"。一句话，如此"中年忧患，不无危苦之词；偏意幽玄，遂多戏论之粪，未堪相赠，只可自娱"[1]。朱自清写作旧体诗的关键，不是"独咏写怀"，而是"联吟记胜"。这段时间，与朱自清唱和最多的是萧公权，其次是叶圣陶、浦薛凤（逖生）等。这里的关键是，1940年7月至1941年9月，朱自清因学术休假来成都暂居，得以与诸多新老朋友欢聚——也正是这段时间，朱才有较多的旧体诗作："暇居一年，与萧公权等多倡酬，作旧诗，格律出入昌黎、圣俞、山谷间，时运新意，不失现代意味。"[2]

萧公权《问学谏往录》第十三节"漂泊西南（三）·成都九年半"，以及第十五节"何莫学乎诗（二）·朱佩弦及其他诗友"，多次提及朱自清如何指导他、奖掖他作诗。其实应该反过来，是萧公权的不断赠诗，促使朱自清卷入此"漂泊西南多唱酬"的浪潮中。除了诗集中众多"次韵公权"的作品，更有日记里经常出现萧公权的名字。如1941年3月9日，"昨夜赋诗二首和萧君。今天为此不足道的成绩颇为兴奋"；3月26日收到萧公权新诗，"该诗

---

[1] 《犹贤博弈斋诗钞·自序》，《朱自清全集》第五卷，第241—242页。
[2] 浦江清：《朱自清先生传略》，初刊《国文月刊》第七十二期，1948年10月，见《浦江清文史杂文集》，第23页。

讲究技巧且文字流利,喜欢读它";4月20日"写诗一首赠公权";6月7日"公权写诗并安慰我,应感谢之。必须立即写两首诗答谢,将用一整天时间"[1]。这还不包括众多见面聊天,以及回昆明后的来往书信及赠诗。问题在于,朱自清性格内向,又非倚马立就之才,常与萧公权等诗友唱和,感觉很累。

既想参与吟咏,又怕多花时间,影响自家的学术研究,朱自清日记中于是不断出现此类很煞风景的抱怨。1942年4月16日:"太集中精力写诗,这不行";1941年5月12日:"上午归来,写诗给圣陶。我想必须在写诗上多少有些限制";1942年4月23日:"耗四小时写诗答赠公权",第二天当即反省:"写诗费时过多";8月22日"宜以学问家勉励自己"[2]。朱自清天性敏感且好强,无论早年在清华园,还是后来漂泊西南,总感觉有一种学术上的"压迫感",于是,日记中多有自省与自责。或许,也正因为这种吟诗上的"自我节制",他才可能在那么沉重的教学工作以及那么糟糕的身体状况下,还能在抗战期间写出《经典常谈》《诗言志辨》《新诗杂话》等好书。

---

[1] 参见《朱自清全集》第十卷,第103页、109页、116页、130页。
[2] 参见《朱自清全集》第十卷,第115页、121页、166页、193页。

三、诗史更愧无君才

"战乱"加上"入蜀",中国读书人很容易想起一千多年前的大诗人杜甫(712—770)。1940年7月至1941年9月,朱自清因学术休假暂居成都,与萧公权、浦薛凤等诗友唱和,有《答逖生见寄,次公权韵》:"几日天河见洗兵?杜陵心事托平生"[1];1943年底,陈寅恪一家抵达成都,暂时任教燕京大学,隔年的旧历正月初七人日游成都西郊浣花溪畔杜甫故居遗址,有《甲申春日谒杜工部祠》:"少陵祠宇未全倾,流落能来奠此觥";"人心已渐忘流离,天意真难见太平。"[2] 1944年10月吴宓北赴重庆,转成都小住,走前徐梵澄有《送雨僧先生入蜀》:"工部祠堂倘怀古,数行为寄浣花笺。"[3] 而萧涤非从"万里孤飞到锦城"的《初入蜀寄内》开始,整个抗战期间撰写诗篇,明显都可见杜甫的影子。弟子廖仲安在《忆萧涤非师——兼述先生热爱杜诗的精神》中称,太平年代不觉得杜甫诗篇伟大,面临巨大灾难流离失所时,方特别体会杜诗的好处——"萧先

---

[1] 见《朱自清全集》第五卷,第269页。
[2] 参见《陈寅恪集·诗集》,第36页,北京:三联书店,2001年。
[3] 参见吴学昭整理本《吴宓诗集》,第400页。

生当时强调熟读杜诗,是和抗日战争那个'万方多难'的历史背景分不开的。"[1]西南联大教授中,像萧涤非那样日后成为研究杜甫的专门家的其实不多;但只要吟咏,多少都会记忆起"感时花溅泪,恨别鸟惊心"的杜诗。

最有趣的是入蜀后改任四川大学教授的萧公权,其《舟过夔州》,开篇就是"杜公避乱出峡去,我行因乱入峡来",而其中最值得关注的是:"行踪先后已异致,诗史更愧无公才。"[2]在回忆录中,萧公权提及:"我在未到成都之前已经有加紧学诗的打算。民国二十六年十一月中,我乘川江轮船西上,经过奉节县时,作了一首七言诗",说的便是此"诗史更愧无公才"。就像作者说的,"想'追陪'杜公,自属狂妄,然而尚友古人,取法乎上,似乎也未可深责"[3]。此等志向,不仅不该"深责",还须嘉许才是。西南联大的教授们,虽无杜甫的诗才,但其吟咏合起来,也构成了某种意义上的"诗史"。

二十多年前,我在《说"诗史"——兼论中国诗歌的叙事功能》中提及:"'诗史'诗人这么一个称号,不单属

---

[1] 参见《萧涤非杜甫研究全集》,第 13 页、187—191 页。
[2] 萧公权:《小桐荫馆诗词》,第 66—67 页,台北:联经出版公司,1983 年。
[3] 参见萧公权《问学谏往录》,第 157—158 页。

于杜甫,而且属于一批生活在民族存亡的紧要关头,用诗笔记下民族的苦难与屈辱,表达民族的悲愤与希望的爱国诗人。他们崇拜杜甫,自觉继承杜甫'穷年忧黎元''济时肯杀身'的人格精神与'以韵语纪时事'的表现手法,形成了中国文学史上独特的'诗史'传统。"这一传统的特点是,除了康有为所说的"上念君国危,下忧黎民病,中间痛身世,慷慨伤蹉跎",更着重将"纪事"转化为"感事",故浦起龙称杜诗"一人之性情,而三朝之事会寄焉者也"。后世的读者,很容易借助诗人的眼睛来捕捉民族危亡之际的社会心理,以及积淀在诗人主观感觉中的时代氛围,从一个更高的层次上把握历史精神[1]。抗战期间西南联大教授们的吟咏,也当作如是观。

这里举陈寅恪、魏建功、萧涤非的三首诗,略做辨析,看诗人如何以旧体诗形式,记录下大时代的精神氛围以及读书人的悲欢离合。

对于抗战期间漂泊西南的教授们来说,离开熟悉安谧的北平、踏上充满未知数的征途,是关键性的一步。危难之际,除了民族大义,还得考虑个人生计、学术前程,以

---

[1] 参见陈平原《说"诗史"——兼论中国诗歌的叙事功能》,《文化:中国与世界》第二辑,北京:三联书店,1987年;另见《中国小说叙事模式的转变》,第268—289页,北京大学出版社,2010年。

及一家妻儿老小的安顿等,并非说走就能走。从卢沟桥事变爆发,到绝大部分教授放弃安逸的家,离开北平南下,大约是四个月时间。每个人的情况不一样,有人早走,有人晚走(不走的是少数),但在留北平闭门著述还是南下颠簸流徙之间,大都有过挣扎。读吴宓、朱自清等人日记,以及各家回忆录,很能体会当年北大、清华教授那种纠结的心情,以及南下路上之艰辛[1]。1940年11月17日,时寓居昆明青云街靛花巷三号北京大学文科研究所的罗常培,撰写并发表《临川音系跋》,"作为离平四年、久别妻子的一个纪念"。文中称,七七事变后,自己"幽居在北平,闭门谢客,悲愤中只好借辛勤工作来遭日","每天总花去5小时以上来写这本东西"。可心情很郁闷,对于"是否应该每天关在屋里还埋头伏案地去做这种纯粹学术研究"感到困惑,但又"不能立刻投笔从戎的效命疆场,也没有机会杀身成仁,以死报国",直到接获赵元任长沙来信,再加上胡适劝勉的诗句,明白确实是"天南万里岂不太辛苦?因为智者识得重与轻",故赶紧南下[2]。这个故

---

[1] 近读陈寅恪妻子唐筼写于上世纪50年代中期的《避寇拾零》(见《也同欢乐也同愁——忆父亲陈寅恪母亲唐筼》,第287—295页,此前蒋天枢《陈寅恪先生编年事辑》有节录,上海古籍出版社,1981年),更加深这一印象。
[2] 罗常培:《临川音系跋》,《罗常培文集》第一卷,第635—639页。

事，罗常培1948年12月为纪念北京大学五十周年而撰写《七七事变后北大的残局》，又讲了一遍，不过这回纳入一个大的时代背景，即北大教授是如何撤离北平的。在这个过程中，时任北大秘书长的郑天挺表现极佳，而积极配合的有马裕藻、孟森、汤用彤、毛子水、罗庸、陈雪屏、罗常培、魏建功等[1]。中文系教授魏建功的"可怜落照红楼影，愁绝沙滩泣马神"，写的正是此情此景[2]。临别北平，魏建功更是留下了《廿六年居围城三月，女病猩红热，一家颠沛，忽又独行投南，将行再作》：

居危入乱皆非计，别妇离儿此独行；
欢乐来时能有几，艰难去路怖无名。
文章收拾余灰烬，涕泪纵横对甲兵；
忍痛含言一挥手，中原指日即收京。[3]

---

[1] 参见罗常培《七七事变后北大的残局》，此文初刊《北京大学五十周年纪念特刊》，1948年；见《罗常培文集》第十卷，第321—329页。历史系教授孟森后因病重不能离平，"临别时尚执手殷殷，潸然泪下"，参见郑天挺《自传》，《郑天挺纪念论文集》，第696页，北京：中华书局，1990年。
[2] 魏建功：《廿六年八月八日敌兵入北平，时北大方针未决，十月中始召同人赴长沙，将去北平有作》，见《魏建功文集》第五卷，第619页。
[3] 参见《魏建功文集》第五卷，第619页。

对于当年无数抛妻别子、孤身南下的读书人来说，这里的"忍痛含言一挥手"，无疑是共同的记忆。

经历了抗战初期的亢奋，进入相持阶段后，蛰居大后方的教授们生活异常艰苦，情绪更为低落。陈寅恪1940年有诗云："淮南米价惊心问，中统银钞入手空。"[1]至于朱自清则在感叹"米盐价逐春潮涨"的同时，"剩看稚子色寒饥"[2]。在所有西南联大教授描写艰难的日常生活的旧体诗中，最值得引录的是萧涤非的七绝《有适》：

> 妻行骨立欲如柴，索命痴儿逐逐来。
> 却笑蒙庄方外客，也缘升斗要人哀。[3]

同样是写日子艰难，此诗在悲痛、无奈与自嘲中，还有某种淡定、诙谐与自持，这更能体现那时读书人的普遍心态。至于第二句，似乎对应此前的《早断》——该诗序曰："抗战以还，已有两犊，而妻复孕，因议以予人。卧床仰屋，悲不自已，率尔成咏。"这首五律被朱自清推荐给《饮

---

[1] 陈寅恪：《庚辰元夕作时旅居昆明》，《陈寅恪集·诗集》，第29页。
[2] 朱自清：《妇难为，戏示公权》，《朱自清全集》第五卷，第293页。
[3] 见《萧涤非杜甫研究全集附编》，第35页。

河》诗刊发表后,因其"沉痛真挚,读之泪下"而广受好评[1]。

终于熬到了抗战胜利,国人莫不欢呼雀跃,教授们更是热衷于"有诗为证";众多诗作中,我特别欣赏陈寅恪的《乙酉八月十一日晨起闻日本乞降喜赋》。

> 降书夕到醒方知,何幸今生见此时。
> 闻讯杜陵欢至泣,还家贺监病弥衰。
> 国仇已雪南迁耻,家祭难忘北定诗。
> 念往忧来无限感,喜心题句又成悲。[2]

此诗辞意显豁,态度明快,大凡中国读书人,都会记得杜甫《闻官军收河南河北》、贺知章《回乡偶书二首》、陆游《示儿》[3],故阅读不成障碍,这也是陈寅恪极少数当时就交给报纸刊出且引起关注的诗作[4]。可"家祭难忘北定诗"

---

[1] 参见《萧涤非杜甫研究全集附编》,第 26 页。萧涤非《我的回忆》谈及此事始末,见《萧涤非杜甫研究全集附编》,第 129 页。
[2] 见《陈寅恪集·诗集》,第 49 页。
[3] "剑外忽传收蓟北,初闻涕泪满衣裳"(杜甫);"少小离家老大回,乡音未改鬓毛衰"(贺知章);"王师北定中原日,家祭无忘告乃翁"(陆游)。
[4] 参见胡文辉《陈寅恪诗笺释》上册,第 359—362 页,广州:广东人民出版社,2008 年。

句有注"丁丑八月,先君卧病北平,弥留时犹问外传马厂之捷确否",可谓古典与今典交相辉映,很具陈诗特色。

  作为著名历史学家,陈寅恪对自己所处的时代、文字的意义,以及诗与史如何互动,有十分清醒的认识,也正因此,其再三吟咏"南渡",确实意味深长。查《陈寅恪集·诗集》,陈先生1938年吟诗7题9首,而后每年均有诗作存留,1945年更是多达26题32首,这些诗作兼及个人感怀与家国兴亡,可当"诗史"阅读与鉴赏。若不考虑韵律,从不同时期四首诗中各抽一句,可作此"诗史"的梗概:1938年《蒙自南湖》的"南渡自应思往事",1939年《乙卯秋发香港重返昆明有作》的"乱离骨肉病愁多",1940年《庚辰元夕作时旅居昆明》的"剩将诗句记飘蓬",以及1945年《忆故居并序》的"破碎山河迎胜利"[1]。陈诗之所以最值得作为"诗史"阅读,除了自身韵味,还因其被吴宓抄录在日记中(包含各家唱和),故写作的时间、背景及意涵,修订的过程、读者的反应等,都比较容易得到确认。

---

[1] 参见《陈寅恪集·诗集》,第24页、28页、29页、42页。其中"乱离骨肉病愁多"句又见1942年的《予挈家由香港抵桂林已逾两月尚困居旅舍感而赋此》(《陈寅恪集·诗集》,第33页)。

四、还将孤愤托长吟

战火中漂泊西南的大学教授，倘若需要表达心境与情怀，可供选择的文体其实很多，如日记、书信、散文、杂感、新诗、小说、著述、序跋等；当然，还有本文所论述的旧体诗。所谓"欲写忧思试啜醨，毫无逸兴苦吟诗"[1]，那只是说说而已，当不得真；还是浦江清的诗句更值得重视："锦瑟年华激楚音，还将孤愤托长吟。"[2]需要探讨的是，这些"孤愤"是如何在教授们的诗作中呈现的。

那位喜欢跟朱自清、萧公权唱和的政治学家浦薛凤，1938年吟成《读史三律》，第三首曰：

> 天崩地坼运非穷，故国新胎转变中。
> 卅载贪私随劫火，万方血肉抗顽戎。
> 求苏百代汉家好，忍痛今朝玉瓦同。
> 走马昆仑东向望，波翻黑海夕阳红。[3]

---

[1] 魏建功：《长沙志感》，《魏建功文集》第五卷，第620页。
[2] 《雨僧师五十生日置酒》，《浦江清文录》，第317页；又见《吴宓诗集》，第387页。
[3] 参见《浦薛凤回忆录》中册，第162页。

作者承认"予此三首诗之短处，在讲政理，在太牢实，在过浅显，文学上之三忌也"，可又强调"但论其中客观至理，则不易一字，敝帚自珍"。正是基于此判断，浦薛凤毅然将这三首得意之作全部抄录在回忆录中。

同样是社会科学家，又同样对抗战胜利抱有强烈的信念，潘光旦的《四十三岁生朝》（五首），明显比浦诗好多了。请看第一首：

> 转眼重逢八一三，门前逝水去无还。
> 举头不惑天行健，着脚方知国步艰。
> 已分穷愁关性命，任教破碎总河山。
> 兴邦多难寻常事，看取前修忧患间。[1]

此类表达抗战必胜的诗作，在同时期作品中占很大比例。这是一种心情，更是一种自我期许，值此危难之际，确实需要此类信念与诗篇。至于诗艺如何，不是最为要紧的。

若从"心情"与"信念"入手，讨论此类诗作，最好引入日记、书信、档案等资料，还原作者吟诗的背景及效果。这里恰好有两个例子，一是吴宓《南渡集》中的《晓

---

[1] 参见《潘光旦选集》第四集，第556页。

发北平》,一是朱自清1941年的《寄怀平伯北平》七律三首。

1937年7月22日,卢沟桥事变已过去半个月,北平城内人心惶惶。吴宓从清华大学图书馆寻得山阳徐嘉详注《顾亭林先生诗》木刻本,细心阅读,并写下如此诗句:"哀时遭乱未为诗,但诵先生不世辞。"同年12月24日,已经来到南岳长沙临时大学的吴宓,又有如此诗句:"绮梦空时大劫临,西迁南渡共浮沉。"[1] 可真正的精神危机,其实是潜藏在这两首诗之间的那四个月。就从《晓发北平》说起:

> 十载闲吟住故都,凄寒迷雾上征途。
> 相携红袖非春意,满座戎衣甚霸图。
> 乌鹊南飞群未散,河山北顾泪常俱。
> 前尘误否今知悔,整顿身心待世需。[2]

此诗吴宓自己加了好些注,解释何为"红袖",哪来"戎衣",以及为何要携女生南下,显然怕后世喜欢八卦的读者胡乱解读。其实,最为关键的是,11月4日这一天,

---

[1] 参见《读顾亭林诗集》及《大劫一首》,《吴宓诗集》,第326页、328页。
[2] 见《吴宓诗集》,第327页,又见《吴宓日记》第六册,第243页。

吴宓到了天津，与清华同学会取得联系，确认了南下的船票[1]。至此，总算是尘埃落定。

至于此前四个月的犹豫与徘徊，必须细读1937年下半年吴宓的日记才能了解。这里按时间顺序，摘录相关资料：

> 7月14日："阅报，知战局危迫，大祸将临。……故当今国家大变，我亦软弱无力，不克振奋，不能为文天祥、顾亭林，且亦无力为吴梅村。盖才性志气已全澌灭矣！此为我最伤心而不可救药之事。如此卑劣，生世亦何益？思及此，但有自杀，别无他途。"

> 8月2日："《世界日报》载，清华将迁长沙。宓雅不欲往，但又不能不往。"

> 9月12日："清华校长命教授等即赴长沙，筹备在该地开学……宓意欲在此苟安，闭户读书，馀事付之天命。殊不愿赴长沙，缘对人生根本厌倦，故惮于跋涉转动也。与公权谈，公权意正与宓同，亦拟居平读书一年，静待后变。"

---

[1] 真正乘船离开天津，是11月10日，参见《吴宓日记》第六册，第248—250页。

9月23日步行至西四牌楼姚家胡同三号陈宅祭吊陈三立,而后与陈寅恪商谈南下事:"寅恪甚赞同宓隐居北平读书一年之办法。惟谓春间日人曾函邀赴宴于使馆。倘今后日人径来逼迫,为全节概而免祸累,则寅恪与宓等,亦各不得不微服去此他适矣。"

10月2日:"宓实欲留此,而苦无其理由可以告人。亲友皆劝行,宓内心徒自伤而已!"

10月6访萧公权与浦薛凤,听他们商谈南行之计:"按宓原拟留居北平一年,养静读书。今诸同事教授先后南去,环宓之亲友一致促行;宓虽欲留平,而苦无名义及理由,以告世俗之人。今似欲留而不可,故决不久南下,先事整理书物,以为行事预备。"[1]

此后,吴宓的情绪稳定下来,开始认真筹备南下事宜。不过,9月间,吴宓还曾病急乱投医,致信燕京大学和辅仁大学,求任英文系讲师,可惜都被婉拒了[2]。对于"十载闲吟住故都"的北大、清华教授来说,离开优雅安逸的北平,可不是一件容易的事。吴宓的挣扎很真实,也很有

---

[1] 以上各则,见《吴宓日记》第六册,第168页、185页、212—213页、219页、224页、226—227页。

[2] 参见《吴宓日记》第六册,第207、208、211页。

代表性，所谓"凄寒迷雾上征途"，属于那个时代大部分响应国民政府号召而毅然南下的读书人。

抗战期间西南联大教授的唱酬，大都局限于大后方；像朱自清那样，仍寄赠生活在沦陷区北平的老友的，其实不多。1941年9月，朱自清作《寄怀平伯北平》七律三首，其三曰：

> 忽看烽燧漫天开，如鲫群贤南渡来。
> 亲老一身娱定省，庭空三径掩莓苔。
> 经年兀兀仍孤诣，举世茫茫有百哀。
> 引领朔风知劲草，何当执手话沉灰。[1]

虽然远隔千山万水，老友之间互相信任，也互相鼓励。深知沦陷区形势险恶，坚信"引领朔风知劲草"的朱自清，格外关注俞平伯的表现。1943年12月22日，朱致信俞："前函述兄为杂志作稿事，弟意仍以搁笔为佳。率直之言，千乞谅鉴。"[2] 此信之所以要紧，读俞平伯1948年8月24日所撰《诤友》，方才明白其中奥妙。

---

[1] 此诗作者生前未刊，后曾在《文学杂志》三卷五期（1948年10月）上发表，见《朱自清全集》第五卷，第283页。
[2] 《致俞平伯》（十三），《朱自清全集》第十一卷，第140页。

在这篇怀念文章中，俞平伯提及此事的原委：

> 记北平沦陷期间，颇有款门拉稿者，我本无意写作，情面难却，酬以短篇，后来不知怎的，被在昆明的他（朱自清）知道了，他来信劝我不要在此间的刊物上发表文字，原信已找不着了。我复他的信有些含胡，大致说并不想多做，偶尔敷衍而已。他阅后很不满意，于卅二年十一月二十二日又驳回了[1]。此信尚存，标点中虽无叹号，看这口气，他是急了！非见爱之深，相知之切，能如此乎。当时曾如何的感动我，现在重检遗翰，使我如何的难过，均不待言。我想后来的人，读到这里，也总会得感动的，然则所谓"愧君多"者原是句不折不扣的老实话。[2]

朱自清性情温和，而此信语气如此峻急，可见作者十分着急。也正因听从了老友的劝谏，俞平伯不再为任何汉奸或与汉奸有瓜葛的刊物写稿子，因此，抗战刚刚胜利，北大尚未返校，已决定续聘俞平伯，朱自清还为此专门写

---

[1] 据《朱自清全集》第十一卷，第140页，此信写于1943年12月22日
[2] 俞平伯：《诤友》，初刊《中建》三卷七期，1948年9月5日，见《俞平伯全集》第二卷，第744—748页，石家庄：花山文艺出版社，1997年。

信报喜[1]。

抗战胜利后,陈寅恪、吴宓还在继续吟诗(陈越写越好,这与时局、心境以及身体状态有关);其他人则除了偶尔应酬,基本上放弃了。朱自清是因为早逝(1948年),其他教授呢,或因忙于学术著述,或需调整政治立场与生活节奏,没有心思再沉湎于此业余爱好。这其实反过来提醒了我们,抗战中教授们的"漂泊西南多唱酬",是有特殊因缘的。

不管叫"学人之诗",还是"学者教授们的旧体诗"[2],20世纪中国,此类书写从未断绝;只是在某些特殊时段,学者们的书写热情突然高涨,并有不俗的业绩。最典型的,莫过于抗战八年以及"文革"十年。突然的政治变故,将学者赶出平静的书斋,颠沛流离中,吟咏或写作旧体诗词是最好的精神安慰。此等咏唱,既确认其文化身份,让作者得以思接千古;又可以借助韵语,表达某些幽微的思绪以及不合时宜的感觉。与沦陷区文人或"文革"中知识分

---

[1] 《致俞平伯》(十四),《朱自清全集》第十一卷,第141—142页。
[2] 参见刘士林《20世纪中国学人之诗研究》,合肥:安徽教育出版社,2005年;胡迎建《民国旧体诗史稿》第九章,南昌:江西人民出版社,2005年

子因环境恶劣而喜欢隐喻或隐语不同[1]，漂泊西南的教授们之所以选择旧体诗，更多指向个人修养、历史意识与文化情怀。

同时写作新诗与旧诗的王统照，1937 年 9 月 28 日在上海的《救亡日报》上发表了两首旧体诗（《南北》《夜战声中怀东斋并示昨非兄弟》），后附跋语：

> 《救亡日报》函催文稿，并谓如有旧体诗亦可。此何地，何时，我们把笔呻吟已深惭愧，何况刊布出来与读者共览！但"言为心声"，有激切悲壮的诗文，虽在这血花飞舞，惨酷严重的时代也不是无一点点的兴观启发的效果。诗歌最易传达直接的热情，最易使人受感。历史上多少次对异族的战争已给我们留下了不少的佳作。直到现在，读陆剑南的"北望中原泪满巾，黄旗空想渡河津，丈夫穷死由是事，要是江南有

---

[1] 诗可以"隐情"，或许是沦陷初期周作人选择打油诗这种不入流的文类来表明心迹的缘故，也可以在某种程度上解释抗战期间新文学家对旧体诗词的迷恋。参见袁一丹的博士学位论文《北平沦陷时期读书人的伦理境遇与修辞策略》（2013，北京大学，未刊）第二章"动机的修辞——周作人诗文中的自我辩解"，以及"馀论"第二节"隐微修辞"。日本学者木山英雄对当代中国的旧体诗词写作表现出强烈的兴趣，且有不少专门论述，参见其《当代中国旧体诗词问题》（赵京华译），《东亚人文》第一辑，第 346—360 页，北京：三联书店，2008 年。

此人！"与杜少陵的《悲陈陶》《悲青坂》《哀江头》诸作，尚能令人兴壮往之思，增抗敌之感，此外更不须多作引证。旧诗限于格律，不易自由抒发情感，固然是"骸骨"了。但讲文字的节约与声韵的调谐，却自有它的多少年的形式的锻炼。自然，写旧诗是一条绝路，永难有新的收获，"旧瓶中难装新酒"；勉强装上也容易变味。个人贪图省事，省力，偶一为之，无妨，却非创作诗的道路。所以我即有所作，向不发表。今以此二诗，尚非感伤式的作品，送与《救亡日报》补白，略记数言如此。[1]

这当然是站在新文化人的立场，对旧体诗的未来颇为悲观，只是感觉依依不舍，认定"在这血花飞舞，惨酷严重的时代"，此等"骸骨"依旧值得迷恋。

辨析旧体诗的过去与未来，或如何将旧体诗纳入20世纪中国文学史，不是本文的责任。我关心的是，国难当头，学养丰厚的读书人毅然选择写旧体诗来纾解郁闷，沟通情感，传递信念，表露心声，并给后世留下了许多"有

---

[1] 《〈诗二首〉跋》，初刊《救亡日报》1937年9月28日，见《王统照文集》第四卷，第520—521页，济南：山东人民出版社，1982年。

情"且"鲜活"的史料,让我们得以了解他们在战火中的遭遇与思考、困惑与怨怼,以及压在著述背后的心情。基于我对抗战中西南联大历史命运的关注,也基于我对中国知识分子精神及情怀的理解,更基于我对文学史写作模式的质疑,我更倾向于在教育史的论述框架中,采用"自传"兼"诗史"的视角[1],来阅读、品味、阐释陈寅恪等漂泊西南的联大教授的旧体诗作。

---

[1] 郭沫若称郁达夫的旧体诗"大都是经心之作,可作为自传,亦可作为诗史",参见郭沫若《〈郁达夫诗词抄〉序》,《郁达夫诗词抄》,杭州:浙江人民出版社,1981年。

陈寅恪(1890—1969)

吴宓（1894—1978）

朱自清(1898—1948)

潘光旦(1899—1967)

魏建功(1901—1980)

浦江清(1904—1957)

1937年12月。长沙临时大学部分教师合影,左起:沈兼士、张庭济、郑天挺、魏建功、罗常培、罗庸、陈雪屏

国立西南联合大学图书馆（1939年建成）

六位师长和一所大学
——我所知道的西南联大

一、从"宏大叙事"到"私人记忆"

十年前,借重刊《中古文学史论》之机,我谈论"南渡意识"之于这部名著产生的意义:"四十年代漂泊西南的学者们,普遍对六朝史事、思想、文章感兴趣,恐怕主要不是因书籍流散或史料缺乏,而是别有幽怀。"七年前,我专门撰文,推介六卷本《国立西南联合大学史料》,重提陈岱孙对清华大学教授会制度的总结,以及冯友兰关于西南联大如何"内树学术自由之规模,外来民主堡垒之称号"的表彰。五年前,我从吴宏聪先生赠我西南联大照片说起,提及我先后问学的几位导师均出身西南联大,这一点对我的学术经历影响极深。两年前,我以钱锺书刻画"三间大学"的《围城》和鹿桥描写西南联大的《未央歌》为例，讨论抗战中不同类型的大学想象——现实的以及批判的，理想的以及诗意的。今年四月，春暖花开时节，我在云南大学做《此情可待成追忆——关于大学生活的追怀与叙述》的专题演说，涉及西南联大处，我引证了冯友兰的自述、吴宓的日记、汪曾祺的散文、宗璞的小说，还有四位老学生的回忆录——杨振宁的《读书教学四十年》、何炳棣的《读史阅世六十年》、许渊冲的《追忆似水年华》以及何兆武的《上学记》等。

  十年间，一而再、再而三地谈论那早已隐入历史深处的西南联大，到底是为什么，我也说不清。总感觉魂牵梦萦、意犹未尽，有些珍贵的东西藏在那里，等待你去开掘。近日读吴宏聪先生《学术自传·八十自述》[1]，其中有一句话，让我豁然开朗："我认为西南联大最令人难忘的是学风，最值得珍惜的是师缘。"从1946年7月国立西南联合大学正式结束，学生们自发刊行《联大八年》，到四十年后的《笳吹弦诵在春城——回忆西南联大》和《笳吹弦诵

---

[1] 吴宏聪：《学术自传·八十自述》，《吴宏聪自选集》，广州：广东人民出版社，2007年。

情弥切——国立西南联合大学五十周年纪念文集》[1]，关于西南联大的追忆，始终以"师生情谊"为主轴。的确，大学校园里，师生永远是主体；可炮火纷飞中的"传道授业解惑"，还是另有一番滋味。当初的漂泊西南，日后的四海为家，老学生们在"追忆逝水年华"时，将家国情怀、战争记忆、青春想象以及"师道"理想糅合在一起，构建起让后来者惊叹不已的"联大神话"。

西南联大七十周年，很多人"有话要说"，与诸多高屋建瓴的论述不同，我选择了"限制叙事"策略——从我先后追随过的三位"联大校友"的眼光中，以及他们对各自师长的追忆里，触摸那日渐变得遥远而神奇的大学。之所以如此抛开大路，另辟蹊径，最大的理由是，我最初对这所大学感兴趣，本就不是缘于专业考量，而是导师们"世说新语"般的闲话。

作为我在中大念硕士和在北大读博士期间的导师，吴宏聪先生和王瑶先生对我的治学乃至人生道路有很深的影

---

[1] 西南联大除夕副刊主编：《联大八年》，昆明：学生出版社，1946 年；西南联合大学北京校友会校史编辑委员会编：《笳吹弦诵在春城——回忆西南联大》，云南人民出版社、北京大学出版社，1986 年；西南联合大学北京校友会编：《笳吹弦诵情弥切——国立西南联合大学五十周年纪念文集》，北京：中国文史出版社，1988 年。

响，这点几乎不必论证；季镇淮先生则不一样，我并没有真正跟随他读过书，可他是我妻子夏晓虹的导师，故也常有拜谒请教的机会。吴先生1938年考进西南联大中国文学系，1942年毕业，论文指导教师是杨振声和沈从文。王先生1934年考入清华大学中国文学系，七七事变后辗转各地，1942年9月在西南大学正式复学；第二年考入研究院，师从朱自清先生专攻中古文学，1946年西南联大结束前夕完成毕业论文《魏晋文学思想与文人生活》。季先生1937年就读于长沙临时大学，后转入西南联大中文系，1941年考入研究院，师从闻一多先生，1944年修业期满，考试及格。沈从文在西南联大教书的情况有点特殊，我将另外撰文论述；这里主要讨论的是，季镇淮（1913—1997）、王瑶（1914—1989）、吴宏聪（1918—）三位导师是如何饱含深情地谈论他们各自的导师闻一多（1899—1946）、朱自清（1898—1948）、杨振声（1891—1966），并借此呈现他们对西南联大的想象的。

我当然明白，这样来谈西南联大，只能是"冰山一角"，可对我以及像我这样喜欢玩味细节的读者来说，这显得更亲近，更可信，也更有人情味。

二、师生之情与同窗之谊

作为及门弟子，闻、朱去世后，季镇淮和王瑶分别撰文，追忆、缅怀、表彰先师的功业，可谓不遗余力。除编著《闻朱年谱》，在《来之文录》和《来之文录续编》中[1]，季镇淮还有六篇谈论闻一多、四篇谈论朱自清的文章。《闻朱年谱》乃合并为编全集而作的《闻一多先生年谱》和《朱自清先生年谱》而成，曾得到了朱自清、浦江清、吴晗、陈梦家等联大教授的指点，虽因当初资料所限，不免略显疏阔，但面目清晰，是很好的入门书。王瑶在闻、朱两位先生去世后，曾多次撰文，后集合而成《念朱自清先生》《念闻一多先生》这两篇既包含珍贵史料、又神定气闲的好文章。

吴宏聪先生1942年在西南联大中国文学系毕业后，未读研究生，而是留在系里当了一名助教。吴念书时以及工作中，虽也与闻、朱有接触，但交往毕竟不是很深，故日后谈论闻、朱，多采用"论述"而非"追忆"的姿态。在《闻一多的文化观及其他》的《后记》中，吴先生谈及

---

[1] 季镇淮：《闻朱年谱》，北京：清华大学出版社，1986年；《来之文录》，北京大学出版社，1992年；《来之文录续编》，北京大学出版社，1998年。

此书为何如此命名，理由很简单："本书收入有关闻一多先生的文章较多。"[1] 但此说其实不成立，全书收文十八则，六篇谈鲁迅，四篇谈闻一多，为何不是"鲁迅的文化观及其他"？可见，隐约之中，还是显示了某种"师承"。吴先生谈闻一多、朱自清的文章，确实不如王、季二位精彩；但其表彰杨振声之文，若《循循善诱，诲人不倦——杨振声先生在联大二三事》《忆恩师杨振声先生》等，值得充分重视。因为杨不像闻、朱，一直笼罩在圣洁的光环中，而是多少已被世人遗忘。正是由于萧乾、孙昌熙、吴宏聪等老学生的再三追忆，杨振声先生才重新得到学界的关注。

王瑶先生去世，季镇淮先生撰文《回忆四十年代的王瑶学长》；王先生、季先生先后去世，吴宏聪先生撰文《平生风义兼师友，不敢同君哭寝门》《留在我心中的记忆》[2]。所有这些文章，毫无例外，都从当年西南联大的生活说起，尤其是如何同堂听闻、朱等教授讲课，那是他们永远的"共同记忆"。记得王先生去世，季先生曾写挽诗，前四句是：

---

[1] 吴宏聪：《闻一多的文化观及其他·后记》，《闻一多的文化观及其他》，广州：广东高等教育出版社，1998年。
[2] 参见季镇淮《回忆四十年代的王瑶学长》（《王瑶和他的世界》，石家庄：河北教育出版社，2000年）；吴宏聪《平生风义兼师友，不敢同君哭寝门》（《王瑶和他的世界》）、《留在我心中的记忆》（《季镇淮先生纪念集》，北京大学出版社，1999年）。

"烽火遍华夏,滇南始识荆。感时崇大德,积学绘群英。"

不管是追忆师长,还是悼念同窗,谈得最多,谈得最好的,都是关于西南联大的记忆。在这一意义上,六位师长和一所大学,可谓密不可分。在我看来,这里有私交,但更多的是公谊。无论为人还是为学,师长们均"和而不同"。虽说闻、朱从来相提并论,但两位先生的性格和才情大有差异,这点学生们看得很清楚。

晚年的朱先生,尽心竭力地搜罗亡友遗文,去世后,王先生曾在他的书桌上发现一张纸条,是入医院前写的,告诉大家他又发现了四则闻先生的遗文,希望将来能编进全集里。在《念朱自清先生》中,王先生称:"在生前,闻先生和朱先生的私交并不如一般所想象的那么深,他对于闻先生《全集》的编纂,照着闻先生的遗志来计划清华中文系的系务,都并不只是为了私谊。"[1]

课余时间,私下里"品鉴"自己的老师,那是当学生的特权。季先生在《回忆朱佩弦自清先生》中,描述当年清华文科研究所的情况:"所有三间正楼房,为大家读书研究之用,各有一张长方形书桌。我注意闻先生每日伏在

---

[1] 王瑶:《念朱自清先生》,《中国现代文学史论集》,第359页,北京大学出版社,1998年。

桌子上用功时间最长，朱先生生活最有规律，每日早起要用鸡毛帚打扫几处，书桌最干净，不堆书。闻、朱两位先生隔一张书桌对面坐，他们看书或写作之间，亦偶然休息谈话。"[1] 作为研究生，王、季二位与闻、朱多有接触，对他们的性情及交谊的了解，当比我们这些只靠书面材料写文章的来得贴切。在他们看来，一个是"任何小事都不随便，每样用具都有一定安排"，另一个则主张"痛饮酒，熟读《离骚》，方得为真名士"，各有各的风雅。

作为导师，闻、朱又是如何在生活以及学术上关怀学生的呢？不妨先从湖北人民出版社1993年版《闻一多全集》第十二卷里的四封书札说起。1941年10月24日，闻一多致信校长梅贻琦，推荐季镇淮当研究所助教："季君本年毕业于西南联大国文系，成绩卓异，近复投考本校研究院，并以最优成绩录取本所。研究所半时助教一职，以君当之必胜为荷。"1944年7月18日，闻一多再次致信梅贻琦，称季镇淮研究院毕业初试及格，目前只用助教名义，"一俟正式毕业，则宜升为教员"。另外两封给梅贻琦的信，则是推荐王瑶接替季镇淮，作为研究所的半时助

---

[1] 季镇淮：《回忆朱佩弦自清先生》，《来之文录》，第438—439页，北京大学出版社，1992年。

教[1]。这四封信,似乎只是事务性的公文,没什么了不起。可季先生晚年多次谈及,他在联大念书时,生活十分窘迫,如果不是闻先生再三给他争取经费,根本无法念下去。这才让我们意识到,那位如火如风的大诗人,也有"心细如发"的时候。

至于师生之间学问上的交流,更是让今人感慨不已。1948年6月,王先生在清华园寓所为《中古文学史论》撰写《自序》,提及:"在属稿期间,每一篇写成后,作者都先请朱佩弦师过目,得到的启示和指正非常多。已故的闻一多师,也曾给过作者不少的教正。"[2] 将近四十年后,清华大学出版社决定将季镇淮所撰闻、朱二位先生的"年谱"合刊,季先生当即称:《闻一多先生年谱》经朱先生"提供资料,并审阅二次,有所指正",为保存先生"指教手泽和历史面貌",重印本不做增删修改[3]。

闻一多与弟子间的教学相长,或曰"良性互动",有一个生动的例子。在《"七十二"》一文前面,闻先生写了"识语",称"这可算作一次'集体考据'的实例罢"——先

---

[1] 参见《闻一多全集》第十二卷,第373页、389页、390页、396页,武汉:湖北人民出版社,1993年。
[2] 王瑶:《中古文学史论·自序》,《中古文学史论》,北京大学出版社,1986年。
[3] 季镇淮:《闻朱年谱·后记》,《闻朱年谱》,北京:清华大学出版社,1986年。

是季镇淮提交读书报告,导师肯定选题有意思,让"对汉代思想极感兴趣的"何善周参与讨论;接下来,三人分头搜寻资料;最后,由闻一多将文章写成,"一方面容纳了新得的材料,一方面在几点上作了些进一步的分析"。即便如此,闻先生还是强调,此文"主要的材料和主要的意见,还是镇淮的"[1]。虽有如此"肇始之功",季先生从不将此文入集,对此,弟子夏晓虹有过很好的阐释:"这段文章因缘感动我的,既有导师对学生的尊重,也有学生对导师的爱戴。今日学界所向往的'前辈风范',我想也应该包括这种师生间投缘的默契吧。"[2]

三、"新文学"教学之披荆斩棘

谈联大教授,闻、朱二位声名显赫,可谓"无人不知",为何我还要添上一个杨振声呢?大约十年前,我偶然撰文,提及五四新文化运动时期的杨振声,没想到吴宏聪先生读了很激动,再三跟我提及此事,说是公众以及学界漠视杨

---

[1] 闻一多:《"七十二"》,《闻一多全集》第一卷,第207页,北京:三联书店,1982年。
[2] 夏晓虹:《几代人的事业——季镇淮教授谈文学史》,《季镇淮先生纪念集》,第249页。

振声的贡献，实在太不应该。这才引起我对这位"五四青年"的真正关注。

作为因火烧赵家楼而被捕的学生之一，杨振声日后写了好几篇谈论五四的文章（写得最好的是刊于1954年5月《人民文学》上的《回忆五四》），再加上1925年出版小说《玉君》，当时颇受欢迎，学界一般将其作为作家来看待。其实，留学美国哥伦比亚大学、获教育学博士学位的杨振声，1924年归国后，一直从事教育工作，其在现代史上的贡献，主要是在大学教育——尤其是在清华以及西南联大时期推动新文学的教学。

当过清华大学教务长、文学院院长、青岛大学校长，抗战时曾任西南联大常务委员兼秘书长、西南联大叙永分校主任，抗战胜利后飞北平接管北京大学，很明显，杨先生有相当强的行政能力，但也随时准备回来教书。我关注的是，其一直推动在大学课堂上讲授新文学。

谈到新文学之走上大学讲堂，我们一般推崇朱自清的工作，尤其是1982年王瑶先生主持整理的《中国新文学研究纲要》发表后，更是如此。不错，1929年的春季，朱自清在清华开设"中国新文学研究"课程，是了不起的创举；可背后的"推手"，其实是文学院院长杨振声。先有杨先生"领导中国文学系走上一个新的方向"的决心，而后才有朱先生的新文学课程。照杨先生的说法："那时清华国文系与其他大学最不同的一点，是我们注重新旧文学的贯通与中外文学的融会。"[1] 而这一主张，得到了老同学朱自清的大力支持。很可惜，不久杨振声就当青岛大学校长去了，教授"中国新文学研究"的重任，只能由朱自清独力承担。

1931年的《清华大学中国文学系概况》上，系主任朱自清称："本系从民国十七年由杨振声先生主持，他提供一个新的目的，这就是'创造我们这个时代的新文学'。"[2] 作为选修课，朱自清的"新文学研究"，一直到《国立清华大学一览（1936—1937年度）》，都还保留着；可"门虽设而常关"，1933年以后，朱先生已意兴阑珊，不再开设这门课程。原因是，"当时大学中文系的课程还有着浓厚的尊古之风，所谓许（慎）、郑（玄）之学仍然是学生入门的向导，文字、声韵、训诂之类课程充斥其间，而'新文学'是没有地位的"。[3]

到了西南联大，中国文学系要不要开设"新文学"

---

[1] 杨振声：《为追悼朱自清先生讲到中国文学系》，《文学杂志》3卷5期，1948年10月。
[2] 《朱自清全集》第八卷，第405—406页，南京：江苏教育出版社，1993年。
[3] 《王瑶全集》第五卷，第608页，石家庄：河北教育出版社，2000年。

或"现代文学"课程，依然是个很大的挑战。联大校园里，新文学家不少，个人创作没问题，作为课程讲授则是另一回事。即便是早已声名远扬的新诗人闻一多、散文家朱自清，也都对此不感兴趣；真正推动西南联大的现代文学教学的，还是杨振声先生。

朱自清日记中，常常出现老同学杨振声（今甫）的名字，借此我们可以印证杨所参加的诸多活动，如组织《文学杂志》、编撰教科书、设计教学大纲等。1938 年 11 月 21 日朱自清的日记中，有这么一段：

> 今甫对中文系很感兴趣，他想把创作训练作为中文系的培养目标之一。但这个计划不会成功的，他对此提出不少想法，我不愿同他争辩。他想召开一个会议来讨论一年级的作文课，我只好同意。[1]

对于新文学的教学，朱先生确曾投入很大的精力，可西南联大时期，他已激流勇退了。这一点，查西南联大历年各院系学程表，可以看得很清楚。按照时间顺序，闻一多先后开设的课程包括"诗经""楚辞""尔雅""古代神话""唐

---

[1] 《朱自清全集》第九卷，第 560 页，南京：江苏教育出版社，1997 年。

诗""周易""乐府诗""庄子";朱自清开设的课程有"宋诗""陶渊明"("陶诗")"中国文学批评研究"("文学批评")"散文研究""文辞研究";至于杨振声先生,最常开的课程则是"现代中国文学讨论及习作"和"现代中国文学",此外还有"陶谢诗""汉魏六朝诗""文学概论""传记文学"。由杨先生介绍到联大教书的小说家沈从文,早期主要讲授"各体习作"和"中国小说",1944—1945年度才接手讲"现代中国文学"[1]。换句话说,支撑着西南联大的现代中国文学课程的,是杨振声先生。

至于杨振声先生讲课的策略以及效果,不妨看看以下两则资料。

1948年8月12日,朱自清病逝于北平,十二天后,同在北平的杨振声撰写《朱自清先生与现代散文》,以此特殊方式向老朋友告别。文章不长,但论说精到,很有分寸感,尤其是下面这段话:"最后,我觉得朱先生的性情造成他散文的风格。你同他谈话处事或读他的文章,印象都是那么诚恳,谦虚,温厚,朴素而并不缺乏风趣。对人对事对文章,他一切处理的那末公允,妥当,恰到好处。

---

[1] 参见北京大学等编《国立西南联合大学史料》第三卷,第117页、149页、175页、205页、135页、270页、305页、338页、373页,昆明:云南教育出版社,1998年。

他文如其人,风华是从朴素出来,幽默是从忠厚出来,腴厚是从平淡出来。"[1]这段文字很能代表杨先生文学批评的特色,注重文本细读,而不是宏观论述,下判断时冷静、准确、细密。

萧乾在《我的启蒙老师杨振声》中,曾谈及1929年杨振声在燕京大学讲"现代文学"时的情景:"在班上,杨先生从来不是照本宣科,而总象是带领我们在文学花园里漫步,同我们一道欣赏一朵朵鲜花,他时而指指点点,时而又似在沉吟思索。他都是先从一部代表作讲起,然后引导我们去读作者旁的作品并探讨作者的生平和思想倾向。"[2]这种注重个人品味而不是理论概括的阅读思路,与他日后编教科书,以及在西南联大主持"大一国文",十分吻合。

毫无疑问,这种以鉴赏为主的课程,在讲究考据功夫的中文系不会被看好。可学生不一样,对此课程评价极高。吴宏聪先生这样描述了杨先生在西南联大教"现代中国文学讨论及习作"的细节:"他的教学方法是全新的,每次上课都由先生提出一些问题让大家讨论。……讨论后跟着

---

[1] 杨振声:《朱自清先生与现代散文》,孙昌熙等编选《杨振声选集》,第327—328页,北京:人民文学出版社,1987年。
[2] 萧乾此文作为"代序",收入上述《杨振声选集》。

要交习作,讨论小说交小说,讨论散文交散文,训练很严格,要求也很高,作业批改更详尽,每次作业都批改得密密麻麻……"[1]"让大家自由讨论,然后先生再针对同学讨论中提出的问题议论开去,做个总结",明眼人一看就明白,这是美国大学的教学方式。杨先生留美时学的是教育心理学,不是文学,但如何教书,道理是相通的。或许,正因为念过教育学和心理学,才知道如何营造课堂氛围,调动学生的学习积极性。可这样的课并不好上,更何况批改作业时,"有时为了示范,先生还替我们加上几行"。可惜的是,杨先生的讲稿没有留下来,我们难以体味其讲授"现代中国文学"的精华。

西南联大教授中,喜欢新文学的不只杨振声一位;但在我看来,杨先生的大力提奖以及身体力行,无疑是新文学在大学课程中立定脚跟的关键。另一个弟子孙昌熙,在《把中国新文学抬上大学讲坛的人——追忆在抗日战争期间接受恩师杨振声(今甫)教授教诲的日子》中,满怀激情地写下这样一段话:"先生在西南联大为中国新文学披荆斩棘地开辟道路,或者说'打天下',是胜利的。那标志,

---

[1] 吴宏聪:《忆恩师杨振声先生》,2004年3月19日《现代教育报》。

就是新作家群的不断涌现。"[1]

四、湘黔滇旅行团的故事

西南联大历史上，可歌可泣的人物与事件，实在是太多了。这里专挑湘黔滇旅行团的故事，是因其最具戏剧性。

北大五十周年校庆时，杨振声撰写了《北大在长沙》，其中有曰："最值得大书特书的，是自长沙徒步至昆明的旅行团了，除女生及身体不适于长途旅行的男生外，学生自愿参加者共有二百四十四人。教员方面参加者也有黄钰生、李继侗、闻一多、曾昭抡、袁复礼诸先生。"[2] 参加旅行的，不只244人，当初的计算有误；至于教员走完全程的，实际只有闻一多等三位。

闻先生本人对此非常得意，在1946年的谈话《八年的回顾与感想》（际戡笔录）中曾提及这次旅行，称途中虽有虚惊，但未遭劫，原因是："那时候，举国上下都在

---

[1] 孙昌熙：《把中国新文学抬上大学讲坛的人》，《泰安师专学报》1989年2期；另，参见季培刚编著《杨振声编年事辑初稿》，第293页，郑州：黄河出版社，2007年。

[2] 杨振声：《北大在长沙》，《国立北京大学五十周年一览》，北京大学出版部，1948年。

抗日的紧张情绪中，穷乡僻野的老百姓也都知道要打日本，所以沿途并没有作甚么宣传的必要。同人民接近倒是常有的事。但多数人所注意的还是苗区的风俗习惯，服装，语言，和名胜古迹等。"[1] 弟子季镇淮的《闻一多年谱》以及《闻一多先生事略》中，对此次旅行的记载非常详细，这固然有闻先生的书信以及马学良《记闻一多先生在湘西采风二三事》等文章可参阅，但其中许多细节描写，很可能属于作者本人的观察与记忆。因为季先生也走在旅行团的队伍中，而且写了相当详细的日记（因没得到授权，不便转述或引用）。闻一多先生1938年3月12日给父母亲的信，还有张寄谦编《中国教育史上的一次创举——西南联合大学湘黔滇旅行团记实》所收诸多当年学生的日记及回忆，都提到沅陵遇雪滞留近一周的事，但《闻一多先生年谱》所言"沈从文先生时居沅陵城内，为先生等'设宴洗尘'"[2]，未见其他记载，很可能是来自传主的亲口讲述。

湘黔滇旅行团的这次长途跋涉，历时68天，途中多有艰险。而闻一多先生3月12日给父母信中，以轻松的口气谈及："至投宿经验，尤为别致，六日来惟今日至沅

---

[1] 闻一多：《八年的回顾与感想》，载《闻一多全集》第三卷，第547—549页，北京：三联书店，1982年。
[2] 参见季镇淮《闻朱年谱》，第35页。

陵有旅馆可住，前五日皆在农舍地上铺稻草过宿，往往与鸡鸭犬豕同堂而卧。"4月30日给妻子高孝贞信中，更是兴高采烈："至于沿途所看到的风景之美丽、奇险，各种的花木鸟兽，各种样式的房屋器具，和各种装束的人，真是叫我从何说起！途中做日记的人甚多，我却一个字还没有写。十几年没画图画，这回却又打动了兴趣，画了五十几张写生画。打算将来做一篇序，叙述全过程的印象，一起印出来作一纪念。"[1] 读这些书信，很可能以为是太平年代轻松有趣的"远足"，而难以想象那是"生死抉择"。据说，杨振声在队伍出发时称："一多加入旅行团，应该带一具棺材走。"到了昆明，老友相见，闻一多反唇相讥："假使这次我真带了棺材，现在就可以送给你了。"于是彼此大笑一场[2]。

对于闻一多等人的千里跋涉，杨振声评价极高："从此他们深入民间，亲身接触各地的风土民情，亲眼看见各地的民生疾苦，亲手采集各处的科学标本。他们在路上共行一千六百七十一公里，为时七十三日。于四月二十七日

---

[1] 参见张寄谦《中国教育史上的一次创举——西南联合大学湘黔滇旅行团记实》，第288页、290页，北京大学出版社，1999年。

[2] 参见闻一多1938年4月30日给妻子高孝贞信，载张寄谦《中国教育史上的一次创举——西南联合大学湘黔滇旅行团记实》，第290页。

到达昆明。我们在昆明拓东路又以骄傲的眼光去迎接他们。他们都晒得黑光光的，腿肚走粗了，脚皮磨厚了；同时人生的经验增加了，吃苦的本领加大了，精神也更饱满了。就这样的，他们步入了历史的新页。"[1]杨先生的总结极有道理，此行不仅仅是增加见闻，更重要的是磨炼意志，走过苦难的大地，理解生活的艰辛，对日后做学问或搞政治，都大有帮助。还有一点就是，行军途中闻教授的精彩表现，让我们深切体会到先生的"少年意气"，以及善于与青年学生对话与沟通。

王瑶先生曾说过："闻先生在联大，是同学中最受欢迎的教授，这不仅因为他学识渊博和教学有方，更重要的是他的思想感情在学生中引起了强烈的共鸣。"[2]王先生关注的，是闻先生晚年之积极参加民主运动，我则将此"意象"延伸，作为其性格以及气质的一个重要特征来把握——善于与年轻人打交道，湘黔滇旅行时如此，昆明街头演说也一样。

1946年7月，联大学生编辑出版《联大八年》，此书分"历史回顾""联大生活"和"联大教授"三部分。第

---

[1] 杨振声：《北大在长沙》。
[2] 参见王瑶《中国现代文学史论集》，第408—409页。

一部分收闻先生二文，第三部分则包括《闻一多先生死难经过》《闻一多先生最后一次讲演》《闻一多先生事略》和《教授介绍》（共102位）等四篇。你可以想象，西南联大学生们对于闻一多先生的崇敬。《闻一多先生事略》被朱先生选定，作为1948年开明书店版《闻一多全集》的卷首；而《闻一多先生最后一次讲演》则进入中学课本，流传更加广泛。

同样具有"磁性人格"，胡适对教授很有吸引力，而闻一多无疑更适合学生们的口味。"这年头愈是年青的，愈能识大体，博学多能的中年人反而只会挑剔小节，正当青年们昂起头来做人的时候，中年人却在黑暗的淫威面前屈膝了。究竟是谁应该向谁学习？"[1]你可以说，闻一多先生此类言论，过于"诗人气质"，缺乏"政治智慧"；但作为教授，平日里埋头书斋，关键时刻挺身而出，与学生站在一起，这才是真正意义上的"导师"。更何况，世界是属于年青人的，"历史"也将由昔日的年青人、日后的老专家来撰写。

---

[1] 闻一多：《八年的回顾与感想》。

五、政治与学术的纠葛

闲来翻阅《国立西南联合大学史料》，发现第三卷有《西南联大中国文学系历届毕业学生论文题目及导师》，于是突发奇想，想看看我的导师们当年的论文题目。1940年度，季镇淮没有撰写论文，原因是"本年度因轰炸甚烈，图书疏散下乡，停作论文一年"；1941年度，吴宏聪完成毕业论文《曹禺研究》，指导教师为杨振声、沈从文；1942年度，王瑶完成毕业论文《魏晋文论的发展》，指导教师为朱自清、闻一多[1]。同书还有《清华研究院历届毕业生论文题目一览》，其中包括1946年通过的王瑶所撰《魏晋文学思潮与文人生活》[2]。

原本以为，当年西南联大办学条件极差，研究生毕业应该是"因陋就简"；真没想到，论文答辩的场面竟是如此"郑重其事"。在湖北版《闻一多全集》和江苏版《朱自清全集》中，收入两封有关王瑶论文考试的书信。先是1946年1月29日，时任中文系系主任的闻一多，为王瑶

---

[1] 《西南联大中国文学系历届毕业学生论文题目及导师》，北京大学等编《国立西南联合大学史料》第三卷，第107—111页。
[2] 《清华研究院历届毕业生论文题目一览》，北京大学等编《国立西南联合大学史料》第三卷，第471页。

研究生毕业事致函梅贻琦校长和教务长潘光旦,提及定于 2 月 15 日举行初试,初试范围包括中国文学史、中国哲学史、中国通史。后有 1946 年 4 月 4 日,导师朱自清给校长及教务长公函,商定"中国文学部研究生王瑶毕业论文考试"事,时间定于本月 12 日下午 3 时,地点在办事处,题目系《魏晋文学思潮与文人生活》,"考试委员除本校中国文学系全体教授外,拟聘请汤锡予、彭仲铎、冯芝生、吴辰伯四位先生"。查《国立西南联合大学史料》第四卷,当时中文系的教授包括罗庸、罗常培、朱自清、闻一多、王力、杨振声、浦江清、唐兰、游国恩、许维遹、陈梦家十一位;至于另外聘请的考试委员汤用彤是哲学系主任,彭仲铎是联大师范学院国文系教授、冯友兰是文学院院长兼哲学系教授、吴晗是历史系教授。如此庞大、庄严、豪华的论文答辩阵容,今天想来,简直不可思议。

  王瑶先生的研究所毕业论文,日后经过改写,成为一代名著《中古文学史论》。对此,季镇淮先生很有感慨。在《回忆四十年代的王瑶学长》中,季先生谈及西南联大时期的王瑶:"1946 年上半年,他在清华研究所继续写研究生论文。这时清华、北大的研究生,或在城内,或在东郊的龙头村、司家营,大概也有人在写论文,但据我所见,如王瑶学长那样胸有成竹,那样有计划、不急不忙、一篇一篇地在写，我不知还有什么人；而写成之后，能在解放初出版有王瑶所写《中古文学史论》似的成绩，我不知还有什么人的著作。就这点说，王瑶学长的研究生论文是卓越的，独高一等的。但当时我是不知道的，没有听他夸过口，只见他有信心地在写。"[1] 王先生之所以与众不同，在联大师长物质生活艰苦、政治热情高涨的环境下，仍然坚持著书立说，与导师朱自清的严格要求有关。

据清华文科研究所的同学何善周回忆："朱先生'课书'很严，定期给昭琛指定参考书，限期阅读，要求作札记，定期亲自答疑，并提出问题令昭琛解答。师徒二人还常对某一个问题交谈讨论。昭琛在解答问题中时出新意，朱先生极为赞赏。同时，朱先生还在联大为研究生开设专题课，曾有一门课程只昭琛一人修习。朱先生如同上大班课一样，站在讲桌后面讲解（在西南联大只有陈寅恪先生坐着讲课），昭琛坐在讲桌前面听讲。师徒相对，朱先生一直讲解两个小时"[2]。如此严加督导，使得王先生在同窗好友中，学问功底比较深厚。

至于这师徒二人一讲一记的美妙场景，在季镇淮先生

---

[1] 季镇淮：《回忆四十年代的王瑶学长》，《王瑶和他的世界》，第19页。
[2] 何善周：《怀念昭琛》，《王瑶和他的世界》，第31页。

的笔下，更具戏剧性：

> 1942年暑假后，先生讲授"文辞研究"一门新课程。这是关于古代散文研究的一部分，主要是研究春秋时代的"行人"之辞和战国时代的游说家之辞。听课学生只有二人，一个是王瑶，原清华中文系的复学生；另一个是我，清华研究生。没有课本，上课时，朱先生拿着四方的卡片，在黑板上一条一条地抄材料，抄过了再讲，讲过了又抄，一丝不苟，好像对着许多学生讲课一样。王瑶坐在前面，照抄笔记；我坐在后面，没抄笔记。[1]

季先生的这段追忆，主要是为了凸显朱先生教学态度的认真，而我则从中读出了两个学生的不同神情。

熟悉王瑶和季镇淮两位先生的人，都知道他们性格迥异。王先生叼着烟斗，旁若无人地大声说笑，似乎更得闻一多的神韵；而季先生温文尔雅、沉默寡言，接近朱自清的风格——可要说师承，恰好相反。西南联大时期的季镇淮，风华正茂，志向高远，这从其听朱先生讲课时不屑于

---

[1] 季镇淮：《纪念佩弦师逝世三十周年》，《来之文录》，第433页。

记笔记可以看出来。闻先生很爱护学生，师徒之间，更多精神的契合，而不是学业的督促。加上经济窘迫，季先生虽选择了论文题目《魏晋以前观人论》，也通过了结业考试，却未能完成。感愤于闻师的被暗杀，季先生回北平后，以笔代枪，借古讽今，撰写了若干融魏晋学术与现实人生于一炉的好文章。可就是没能像王先生那样集中精力专心著述，将研究生期间的学术积累凝聚成专著，晚年谈及此事，季先生颇觉遗憾。

季先生的这一选择，其实是受到闻一多先生的影响。在《八年的回忆与感想》中，针对"有些人主张不应该为了暂时的工作而荒废了永久的事业"，已经像一团火一样投身现实政治的闻一多，给青年学生这样的忠告："暂时的难关通不过，怎能达到那永久的阶段呢？而且政治上了轨道，局势一安定下来，大家自然会回到学术里来的。"[1]可实际情况呢？政治迟迟上不了轨道，为正义理想所感召，冲出书斋的热血青年们，什么时候能"回到学术里来"？

在《闻一多先生事略》中，季镇淮提到，闻先生晚年"恰像一座火山冲破了禁锢的地壳迸发一个出火口，光焰四射"，在走出书斋，发表慷慨激昂的演说和杂文之外，

---

[1] 闻一多：《八年的回忆与感想》。

还撰写了《说鱼》等多篇专精的学术论文[1]。而这种在政治与学术之间保持强大的张力,像章太炎那样"提奖光复,未尝废学"[2],是中国读书人的理想境界,也是一个高难度的"自选动作",不是每个人都学得了的。或许,书生报国,有情怀,知进退,是一种明智的选择。

六、物质与精神之张力

所有关于西南联大的追忆,有一个共同点,那就是强调,"生活上的艰难"压不住"精神上的愉悦"。当时也许多有抱怨,今日看来,却全都成了美好的回忆。怎么看待这个问题?

蒋梦麟在《西潮》第三十章"大学逃难"中曾说到:"校内许多建筑都被炸毁了,其中包括总图书馆的书库和若干科学实验室。联大的校舍约有三分之一被炸毁,必须尽速再建。但是敌机的轰炸并没有影响学生的求学精神,他们都能在艰苦的环境下刻苦用功,虽然食物粗劣,生活环境

---

[1] 季镇淮:《闻一多先生事略》,《来之文录》,第412页。
[2] 参见《太炎先生自定年谱》,第14页,香港:龙门书店,1965年。

也简陋不堪。"[1] 西南联大生活环境之"简陋不堪",到底到了什么程度,几十年后的回忆文字,其实不及当时的"现场记录"可靠。读档案,看照片,那真是触目惊心。

抗战中后期,物价飞涨,联大教授生活困难,最有名的故事,莫过于闻一多的"挂牌治印"。浦江清为此撰写了"闻一多教授金石润例",发起人有梅贻琦、蒋梦麟、冯友兰、朱自清、杨振声、沈从文等十二位联大教授。关于这个故事,还必须补充三条材料,方能显示出其真正的意义。第一,不仅闻一多治印有"润例",联大教授成立合作社,公开卖文卖字卖图章,文学院院长冯友兰也被列在卖字的行列——"可是生意不佳,我的卖字始终没有发市"[2]。第二,1945年3月,朱自清等29人联合提出"文章演讲润例",要求"稿酬先惠,定时取稿,演讲报酬亦须先惠"。第三,同年2月,西南联大师生发起援助贫病作家募捐,所得款项中,包括闻一多治印义卖款11500元[3]。

"虽然在这样的艰难危险的情况下,联大师生对于最

---

[1] 蒋梦麟:《西潮》,第205页,沈阳:辽宁教育出版社,1997年。
[2] 冯友兰:《三松堂自序》,第348页,北京:三联书店,1984年。
[3] 参见《国立西南联合大学校史》,第546页、545页,北京大学出版社,1996年。

后胜利的信心,始终没有动摇。"[1] 不妨举一个例子,中文系教授浦江清,为了不负联大的期待,长途跋涉,历时177天,穿越八省,从上海来到了昆明。1942年11月23日,星期一,浦江清在朱自清的陪同下,来到清华文科研究所所在的龙头村。下面这段文字,是他在《西行日记》中对于研究所生活状况的描述:

> 所址仅一乡间屋,土墙,有楼。中间一间极宽敞,作为研究室,有书十余架,皆清华南运之旧物,先提至滇,未遭川中被毁之劫。书桌八,闻、朱、许、何善周(助教)、朱兆祥(助教)、范宁(研究生)、刘功高(助教,女)、另一哲学系研究生。余来,刘功高搬至楼下。卧室则在两厢房。闻及其眷属占其一,朱、许、何占其一,余来乃在室中加一铺。研究所由一本地人服役并做饭。七八人但吃两样菜,一炒萝卜,一豆豉,外一汤而已。极清苦。据云每月包饭费四百元,且由校中贴些茶水费,否则要五百元云。[2]

---

[1] 参见冯友兰《三松堂自序》,第348页。
[2] 浦江清:《清华园日记·西行日记》,第199页,北京:三联书店,1987年。

在如此艰难环境下，继续做学问，且大有斩获，这实在是个奇迹。以人文学科为例，若中文系教授闻一多、朱自清、王力、罗常培，历史系教授陈寅恪、钱穆、雷海宗、吴晗，哲学系教授汤用彤、冯友兰、贺麟、金岳霖，外文系教授冯至等，这一时期均有传世之作。

西南联大之值得永远怀念，除了有形的著述，还有什么呢？1948年，冯友兰发表《回念朱佩弦先生与闻一多先生》，谈及抗战开始，北大、清华、南开三校组建长沙临时大学："中国的大学教育，有了最高底表现。那个文学院的学术空气，我敢说比三校的任何时期都浓厚。教授学生，真是打成一片。……那一段的生活，是又严肃，又快活。"[1] 我想把这段话略为引申开去——其实，放长眼界，九年联大，最让后来者怀想不已的，很可能正是此逆境中师生"打成一片"，一起经历苦难，一起探索学问，因而，"又严肃，又快活"。这一工作状态，在我看来，既学术，也精神，乃大学之为大学的理想境界。

初刊《新文学史料》1986年1期的《昆明往事》，开篇处，西南联大文学院外国语文学系教授冯承植、也就是

---

[1] 冯友兰：《回念朱佩弦先生与闻一多先生》，《文学杂志》3卷5期，1948年10月。

曾被鲁迅誉为"中国最为杰出的抒情诗人"的冯至,以诗人特有的敏感与想象力,写下了这么一段激动人心的话:

> 如果有人问我,"你一生中最怀念的是什么地方?"我会毫不迟疑地回答,"是昆明"。如果他继续问下去,"在什么地方你的生活最苦,回想起来又最甜?在什么地方你常常生病,病后反而觉得更健康?什么地方书很缺乏,反而促使你读书更认真?在什么地方你又教书,又写作,又忙于油盐柴米,而不感到矛盾?"我可以一连串地回答:"都是在抗日战争时期的昆明。"[1]

或许,这段话可以作为无数"联大人"的心声来解读。

---

[1] 《昆明往事》,《冯至全集》第四卷,第341页,石家庄:河北教育出版社,1999年。

杨振声(1890—1956)

朱自清（1898—1948）

闻一多（1899—1946）

季镇淮（1913—1997）

王瑶(1914—1989)在西南联大

吴宏聪(1918—2011)在西南联大

参考书目

北京大学等编:《国立西南联合大学史料》第四、第五册,昆明:云南教育出版社,1998年

北京师范大学校史编写组编:《北京师范大学校史(1902—1982)》,北京:北京师范大学出版社,1982年

陈立夫:《战时教育行政回顾》,台北:台湾商务印书馆,1973年

陈流求、陈小彭、陈美延:《也同欢乐也同愁——忆父亲陈寅恪母亲唐筼》,北京:三联书店,2010年

陈平原:《老北大的故事》,南京:江苏人民出版社,1998年;北京:北京大学出版社,2009年

陈平原:《当年游侠人——现代中国的文人与学者》,北京:三联书店,2006年

陈平原：《大学有精神》，北京：北京大学出版社，2009年

陈平原：《读书的"风景"——大学生活之春花秋月》，北京：北京大学出版社，2012年

陈寅恪：《金明馆丛稿初编》，上海：上海古籍出版社，1980年

陈寅恪：《隋唐制度渊源略论稿》，上海：上海古籍出版社，1982年

陈寅恪：《陈寅恪集·诗集》，北京：三联书店，2001年

陈寅恪：《陈寅恪集·书信集》，北京：三联书店，2001年

成仿吾：《战火中的大学——从陕北公学到人民大学的回顾》，北京：人民出版社，1982年

楚图南：《楚图南文选》，北京：中共党史出版社，1993年

丰子恺：《丰子恺文集》文学卷，杭州：浙江文艺出版社、浙江教育出版社，1992年

冯尔康、郑克晟编：《郑天挺学记》，北京：三联书店，1991年

冯友兰：《三松堂自序》，北京：三联书店，1984年

冯友兰：《三松堂全集》第十四卷，郑州：河南人民出版社，2000年

冯至：《冯至全集》第四卷，石家庄：河北教育出版社，1999年

高增德、丁东编：《世纪学人自述》第五卷，北京：十月文艺出版社，2000年

龚放等编著：《南京大学》，长沙：湖南教育出版社，1995年

贵州省遵义地区地方志编纂委员会编：《浙江大学在遵义》，杭州：浙江大学出版社，1990年

韩启桐编著:《中国对日战事损失之估计(1937—1943)》,上海:中华书局,1946年

何炳棣:《读史阅世六十年》,桂林:广西师范大学出版社,2005年

何理:《中国人民抗日战争史》,上海:上海人民出版社,2005年

河南大学校史编写组:《河南大学校史》,开封:河南大学出版社,2002年

何兆武:《上学记》,北京:三联书店,2006年

贺麟:《当代中国哲学》,南京:胜利出版公司,1945年

黄昌勇、陈华新编:《老交大的故事》,南京:江苏文艺出版社,1998年

黄昌勇、干国华编:《老同济的故事》,南京:江苏文艺出版社,1998年

黄仕忠编:《老中大的故事》,南京:江苏文艺出版社,1998年

黄义祥编著:《中山大学史稿(1924—1949)》,广州:中山大学出版社,1999年

侯德础:《抗日战争时期中国高校内迁史略》,成都:四川教育出版社,2001年

胡文辉:《陈寅恪诗笺释》,广州:广东人民出版社,2008年

胡迎建:《民国旧体诗史稿》,南昌:江西人民出版社,2005年

季培刚编著:《杨振声编年事辑初稿》,郑州:黄河出版社,2007年

季镇淮:《闻朱年谱》,北京:清华大学出版社,1986年

季镇淮:《来之文录》,北京:北京大学出版社,1992 年

季镇淮:《来之文录续编》,北京:北京大学出版社,1998 年

蒋介石:《抗战建国论》,现代文化出版社,1939 年

蒋梦麟:《西潮》,台北:世界书局,1962 年初版;香港:世界书局,1971 年;沈阳:辽宁教育出版社,1997 年

蒋天枢:《陈寅恪先生编年事辑》,上海:上海古籍出版社,1981 年

康斯坦丁诺夫等编、吴式颖等译:《苏联教育史》,北京:商务印书馆,1996 年

李曙白、李燕南等编著:《西迁浙大》,杭州:浙江大学出版社,2007 年

刘士林:《20 世纪中国学人之诗研究》,合肥:安徽教育出版社,2005 年

刘文典:《刘文典全集》第三卷,合肥:安徽大学出版社、昆明:云南大学出版社,1999 年

龙泉明、徐正榜编:《老武大的故事》,南京:江苏文艺出版社,1998 年

龙泉明、徐正榜编:《走近武大》,成都:四川人民出版社,2000 年

罗常培:《罗常培文集》第一、第八、第十卷,济南:山东教育出版社,2008 年

罗家伦:《逝者如斯集》,台北:传记文学出版社,1967 年

梅贻琦:《梅贻琦日记(1941—1946)》,北京:清华大学出版社,2001 年

孟国祥：《大劫难——日本侵华对中国文化的破坏》，北京：中国社会科学出版社，2005年

潘光旦：《潘光旦选集》第四集，北京：光明日报出版社，1999年

潘乃穆等编：《中和位育——潘光旦百年诞辰纪念》，北京：中国人民大学出版社，1999年

浦江清：《清华园日记·西行日记》，北京：三联书店，1987年

浦江清：《浦江清文录》，北京：人民文学出版社，1989年

浦江清：《浦江清文史杂文集》，北京：清华大学出版社，1993年

浦薛凤：《浦薛凤回忆录》，合肥：黄山书社，2009年

齐邦媛：《巨流河》，台北：天下远见出版公司，2009年；北京：三联书店，2011年

钱穆：《国史人纲》，北京：商务印书馆，2010年

曲士培：《中国大学教育发展史》，太原：山西教育出版社，1993年

曲士培：《抗日战争时期解放区高等教育》，北京：北京大学出版社，2005年

商金林编：《叶圣陶抗战时期文集》，北京：人民教育出版社，2005年

沈卫威编：《任访秋先生纪念集》，开封：河南大学出版社，2004年

盛懿等编著：《三个世纪的跨越——从南洋公学到上海交通大学》，上海：上海交通大学出版社，2009年

石慧霞：《抗战时期的厦门大学——民族危机中的大学认同》，厦门：厦门大学出版社，2012年

孙昌熙等编选:《杨振声选集》,北京:人民文学出版社,1987 年

孙玉石等编:《王瑶和他的世界》,石家庄:河北教育出版社,2000 年

苏智良等编著:《去大后方——中国抗战内迁实录》,上海:上海人民出版社,2005 年

王德滋主编:《南京大学百年史》,南京:南京大学出版社,2002 年

王觉源编:《战时全国各大学鸟瞰》,重庆:独立出版社,1941 年

王统照:《王统照文集》第四卷,济南:山东人民出版社,1982 年

王瑶:《中古文学史论》,北京:北京大学出版社,1986 年

王瑶:《中国现代文学史论集》,北京:北京大学出版社,1998 年

王瑶:《王瑶全集》第五卷,石家庄:河北教育出版社,2000 年

魏建功:《魏建功文集》第五卷,南京:江苏教育出版社,2001 年

卫道治编著:《莫斯科大学》,长沙:湖南教育出版社,1995 年

闻黎明:《抗日战争与中国知识分子》,北京:社会科学文献出版社,2009 年

闻一多:《闻一多全集》,第一卷、第三卷,北京:三联书店,1982 年

闻一多:《闻一多全集》第十二卷,武汉:湖北人民出版社,1993 年

吴大猷:《回忆》,北京:中国友谊出版公司,1984 年

吴定宇编:《走近中大》,成都:四川人民出版社,2000 年

吴宏聪:《闻一多的文化观及其他》,广州:广东高等教育出版社,1998 年

吴宏聪:《吴宏聪自选集》,广州:广东人民出版社,2007 年

吴宓:《吴宓日记》第六、第七册,北京:三联书店,1998 年

吴宓:《吴宓日记》第九册,北京:三联书店,1999 年

吴宓:《吴宓诗集》(吴学昭整理),北京:商务印书馆,2004 年

西北师大校史编写组编:《西北师大校史》,兰州:甘肃人民出版社,2002 年

西南联大除夕副刊主编:《联大八年》,昆明:西南联大学生出版社,1946 年;北京:新星出版社,2013 年

西南联合大学北京校友会编:《笳吹弦诵情弥切——国立西南联合大学五十周年纪念文集》,北京:中国文史出版社,1988 年

西南联合大学北京校友会编:《国立西南联合大学校史》,北京:北京大学出版社,1996 年

西南联合大学北京校友会编:《笳吹弦诵在春城——回忆西南联大》,昆明:云南人民出版社/北京:北京大学出版社,1986 年

夏晓虹编:《季镇淮先生纪念集》,北京:北京大学出版社,1999 年

萧超然等:《北京大学校史》(增订本),北京:北京大学出版社,1988 年

萧涤非:《萧涤非杜甫研究全集附编》,哈尔滨:黑龙江教育出版社,2006 年

萧公权:《问学谏往录》,台北:传记文学出版社,1972 年

萧公权:《小桐荫馆诗词》,台北:联经出版公司,1983 年

谢世廉主编:《川渝大轰炸》,西安:西南交通大学出版社,2005 年

徐正榜等编:《名人名师武汉大学演讲录》,武汉:武汉大学出版社,2003 年

杨绍军:《战时思想与学术人物——西南联大人文学科学术史研究》,北京:社会科学文献出版社,2012 年

杨振宁:《读书教学四十年》,香港:三联书店,1985 年

叶留金著、张天恩等译:《苏联高等学校》,北京:教育科学出版社,1983 年

叶圣陶:《我与四川》,成都:四川人民出版社,1984 年

易社强著、饶佳荣译:《战争与革命中的西南联大》,台北:传记文学出版社,2010 年

游国恩:《游国恩学术论文集》,北京:中华书局,1989 年

游国恩:《游国恩楚辞论著集》第四卷,北京:中华书局,2008 年

余斌:《西南联大·昆明记忆》,昆明:云南民族出版社,2003 年

俞平伯:《俞平伯全集》第二卷,石家庄:花山文艺出版社,1997 年

郁达夫:《郁达夫诗词抄》,杭州:浙江人民出版社,1981 年

袁一丹:《北平沦陷时期读书人的伦理境遇与修辞策略》(北京大学博士学位论文,2013 年,未刊)

乐齐编:《叶圣陶日记》,太原:山西教育出版社,1997 年

张宏生、丁帆编:《走近南大》,成都:四川人民出版社,2000 年

张寄谦编:《中国教育史上的一次创举——西南联合大学湘黔滇旅行团记实》,北京:北京大学出版社,1999 年

张曼菱总编导：《西南联大人物访谈录》，昆明：云南教育出版社，2007年

章太炎：《太炎先生自定年谱》，香港：龙门书店，1965年

张在军：《苦难与辉煌——抗战时期的武汉大学（1937—1946）》，台北：秀威资讯科技公司，2012年

郑天挺：《清史探微》，南京：独立出版社，1947年

郑天挺：《清史探微》（增订版），北京：北京大学出版社，1999年

中共中央党史研究室第一研究部：《中华民族抗日战争史》，北京：中共党史出版社，1995年

中国抗日战争史学会、中国人民抗日战争纪念馆编：《抗战时期的西南大后方》，北京：北京出版社，1997年

中国人民政治协商会议西南地区文史资料协作会议编：《抗战时期内迁西南的高等院校》，贵阳：贵州民族出版社，1988年

中国社会科学院近代史研究所中华民国史研究室编：《胡适来往书信选》，北京：中华书局，1980年

朱斐：《东南大学史》第一卷，南京：东南大学出版社，2012年

朱水涌：《厦大往事》，厦门：厦门大学出版社，2011年

朱自清：《朱自清全集》第五卷，南京：江苏教育出版社，1996年

朱自清：《朱自清全集》第八卷，南京：江苏教育出版社，1993年

朱自清：《朱自清全集》第九、第十、第十一卷，南京：江苏教育出版社，1997年

竺可桢:《竺可桢全集》第二卷,上海:上海科技教育出版社,2004 年

宗璞:《南渡记》,北京:人民文学出版社,1988 年

宗璞:《东藏记》,北京:人民文学出版社,2001 年

《教育杂志》第三十一卷第一、第七号,1941 年 1 月 10 日、7 月 10 日

《中华教育界》复刊第一卷第一期,1947 年 1 月 15 日

《第二次中国教育年鉴》,上海:商务印书馆,1948 年

《国立北京大学五十周年一览》,北京大学出版部,1948 年

《学府纪闻·国立交通大学》,台北:南京出版公司,1981 年

《学府纪闻·国立河南大学》,台北:南京出版公司,1981 年

《国立浙江大学》,台北:国立浙江大学校友会编印,1985 年

《国立中山大学的回顾与展望》,台北:国立中山大学校友会编印,1986 年

《云南文史资料选辑》第 34 辑,昆明:云南人民出版社,1988 年

《厦大校史资料》第二辑,厦门:厦门大学出版社,1988 年

《一代宗师——曾昭抡百年诞辰纪念文集》,北京:北京大学出版社,1999 年

《燕园远去的笛声——林焘先生纪念文集》,北京:商务印书馆,2007 年

慕文俊:《联大在今日》,《宇宙风》第 94、95 期合刊,1940 年 6 月

《抗战后专科以上学校集中区域》,延安《解放日报》1941年10月25日

冯友兰:《回忆朱佩弦先生与闻一多先生》,《文学杂志》第三卷五期,1948年10月

余冠英:《佩弦先生的性情嗜好和他的病》,《文学杂志》第三卷五期,1948年10月

杨振声:《为追悼朱自清先生讲到中国文学系》,《文学杂志》第三卷五期,1948年10月

杨振声:《北大在长沙》,《国立北京大学五十周年一览》,北京大学出版部,1948年

刘绍唐:《〈西潮〉与〈新潮〉》,《传记文学》第十一卷二期,1967年8月

汪曾祺:《西南联大中文系》,《精神的魅力》,北京:北京大学出版社,1988年

孙昌熙:《把中国新文学抬上大学讲坛的人》,《泰安师专学报》1989年2期

陈乐民:《茶烟香袅逗高歌——从潘光旦〈铁螺山房诗草〉想到的》,《读书》1992年7期

魏建功等:《独后来堂十年诗存(附跋记)》,《文教资料》1996年4期

陈平原:《学者的幽怀与著述的体例——关于〈陈寅恪集·书信集〉》,《读书》2002年1期

吴宏聪:《忆恩师杨振声先生》,2004年3月19日《现代教育报》

刘节:《昆明十二日》,《万象》2007年10期

木山英雄著、赵京华译:《当代中国旧体诗词问题》,《东亚人文》第一辑,北京:三联书店,2008年

后记

这是一部学术著作,虽插入几十帧老照片,但不以"图文并茂"为工作目标。也正因此,拒绝眼下十分红火的图文混排,而是将相关照片放在各章后面,供读者品鉴。这既是对图像资料的尊重,也包含小小的算计——逼读者一口气读完一章,而不是断断续续。以自家的阅读经验,过分精美的"图文书",往往导致文章气势中断、学术深度丧失。

十年前,我写过《从左图右史到图文互动——图文书的崛起及其前景》(《学术界》2004年第3期),谈及配图的学术著作如何防止图像"喧宾夺主"。既要求图像积极配合,又对"鸠占鹊巢"保持高度警惕,除了自家的学术趣味,还有一个重要原因——与本书的酝酿与写作相伴而行的，是对抗战期间大学老照片的搜集、阅读与阐释。与一般图文书作者负责文字，再由美编配图不同，本书不少图像资料（照片及档案）直接介入或深刻影响了我的相关论述。

在《吴宏聪与西南联大的故事》（《中华读书报》2002年7月10日）中，我谈及此前几年吴先生送我拍摄于1946年5月3日的"国立西南联合大学中国文学系全体师生合影"——那时他是西南联大中文系助教，跑前跑后安排拍照，故记忆特别清晰。可以说，这是我关注抗战中西迁大学老照片的缘起。五年后，我在浙江人文大讲堂做题为《教育史上的奇迹——西南联大的意义》的专题演讲，第一次以西南联大老照片作为分析对象，尤其是1944年秋西南联大中文系教授朱自清、罗庸、闻一多、王力欢送罗常培赴美讲学那帧照片，传递了很多信息——联大人贫困，但不猥琐，他们的自信、刚毅与聪慧，全都写在脸上（参见《陈平原：寻找21世纪中国的"大学之道"》，《钱江晚报》2007年12月18日）。

对一个中文系教授来说，"说文"还算拿手，"读图"则是一门生疏的"手艺"。三年前，我在《"现代中国研究"的四重视野——大学·都市·图像·声音》（《汉语言文学研究》2012年第1期）中感叹："既擅长阅读、分析图像，又颇能体味、保持文字魅力，这很不容易，需要修养，也需要训练。换句话说，读图有趣，但并不轻松——这同样是一门学问，值得认真经营。"1995年撰写《从科普读物到科学小说——以"飞车"为中心的考察》，此后我便有意识地在历史论述中使用图像资料——包括使用照片（如《触摸历史：五四人物与现代中国》，广州：广州出版社，1999年）、阅读明清版刻（如《看图说书——小说绣像阅读札记》，北京：三联书店，2003年），以及整理并阐释晚清画报（如《点石斋画报选》，贵阳：贵州教育出版社，2000年；《图像晚清——〈点石斋画报〉》，天津：百花文艺出版社，2001年；《左图右史与西学东渐》，香港：三联书店，2008年；《图像晚清——〈点石斋画报〉之外》，北京：东方出版社，2014年）。毫无疑问，我之"读图"，尚属初级阶段；比较有心得的，只是晚清画报研究。

如果说老照片在《触摸历史：五四人物与现代中国》中只是"配合演出"，这回"角色"的重要性明显提升。除了"绪言"中提及那两幅给我很大震撼的图像，还有许多老照片让我过目不忘。内迁大学的校园及建筑，固然发人深思；但我更喜欢那些兼及人物及场景的旧照——若熟悉相关背景，几乎马上可以"看图说书"。将1937年12月浙江大学师生从建德乘船再次西迁的照片，与抗战胜利后浙江大学复员专车出发前的留影相比照，不能不让人感慨万千。而将1938年4月6日厦门大学在长汀举行校庆十七周年庆典的照片，与1946年5月3日西南联大中文系师生即将北归时在教室前的留影相对照，同样也是一个激动人心的故事。广为人知的长沙临时大学湘黔滇旅行团路经盘江，铁索桥断裂，只能用小船来回摆渡，此等艰险场面，最好与国立西北联合大学师生之穿越秦岭的照片（可惜被题了字）相比读，方才明白"光荣"不仅属于西南联大。读过中央大学校长罗家伦《炸弹下长大的中央大学》，知道其"在夏天的烈日之下，我照常的和同仁在'室徒一壁'的房子里面办公"，再来看厦门大学校长萨本栋视察被日机炸毁的校舍的老照片，你会有更加强烈的感受。至于李庄时期的同济大学存照不少，我刻意选择工学院纪念校庆三十五周年这一张，因其被遮掉一半的"同舟共济"，以及大门里面那"测量系仪器陈列"，可见当时浓厚的学术氛围。至于战争状态下，走在交通大学重庆校区大道上的交大学生竟如此意气风发，真是出人意料。而1943年夏国立河南大学文史系第十六届毕业留影，难得有如此清晰的图像，且人物很有精气神儿——只是不晓得他们日后命运如何。

　　正是这些老照片，让我逐渐沉入历史，真切体会那些永远消逝的情景与人物。同样道理，有兴趣阅读此书的朋友，请仔细品味这些得之不易的老照片。为了尽可能贴近历史，我只选用来源可靠的图片。第一章谈论十所大学，只有九所大学配图，因西南联大的老照片放在第二章。其中抗战期间辗转云南澂江、粤北坪石等地的国立中山大学，校史馆里没有合适的图像，只好另觅途径，最后在1939年刊行的《东方画刊》及《今日中国》找到一批资料，从中选出四帧。

第三、第四章用的是人物照，难处在于尽可能贴近文章所论的规定情境。这就要求审定照片的拍摄时代，不是随便找一张即可。比如，我有很多吴宏聪先生的照片，但找不到他西南联大时期的留影，只好请吴先生公子行赐兄翻箱倒柜。最后竟收获了吴先生任西南联大中文系助教时的证件照，上面隐约可见联大的钢印。

八年抗战，烽火连天，加上当年照相机稀少，历经半个多世纪的颠簸，存留的图像资料不多。好在最近这些年各大学相继建立校史馆，在史料征集方面下了很大工夫。因此，在此书配图阶段，为了获得品质较好的图像资料，我请以下朋友及学生帮忙：武汉大学陈国恩教授、厦门大学李晓红教授、河南大学李伟昉教授、西北师范大学韩高年教授，以及我以前的学生魏泉副教授（华东师大）、葛飞副教授（南京大学）、张广海助理教授（浙江大学），还有在读的博士生李浴洋（北京大学）、张诗洋（中山大学）等。我当然明白，他们之所以能获得若干老照片，得益于各大学校史馆的鼎力支持。其中上海交通大学那几张照片，是我前些年到交大演讲时某位老师提供的——可惜忘了他的名字。

对于这些老照片的拍摄者、收藏者及提供者，我充满敬意——因他们的努力，我们才得以如此直观地了解、深刻地记忆那个伟大的时代。

除了一如既往地感谢为我所有文章"把关"的夏君，还得向近年听过我相关专题演讲的南北各大学学生致意，正是"当初现场听众的热烈反应"，促使我选择在纪念抗战胜利七十周年的历史时刻推出这册小书。

2015年5月10日于京西圆明园花园